隈研吾 異端の建築

［著・写真］高橋福生

三才ブックス

はじめに

隈研吾さんは、いうまでもなく世界的な建築家です。日本だけに留まらず、世界中の建物の設計を手掛けています。東京2020オリンピックのメイン会場となった国立競技場の建て替えをきっかけに知った人も多いかもしれません。そんな隈さんが手掛けた建築の最大の魅力は、木材をはじめ、石材、コンクリート、ガラスなど、さまざまな素材を用いることによる、研ぎ澄まされた造形哲学にあります。

建築には予算や敷地条件といった制約がつきものですが、隈建築では逆にその制約を活かして、地元産の材料を使い、周囲の環境に合わせつつ、人々の目を引く造形に設計されます。そのため、既存の建築にはない新しい考え方や新しい構造が求められ、生みだされるそうです。建築の新しい道筋を切り開いてきた作品の数々は、「異端」ともいえるのではないでしょうか。

また、隈建築は多彩な表情を見せてくれる点も魅力のひとつです。癒しの水風景、美しい光の情景の撮影をライフワークとする筆者は、そんな多彩な表情のなかでも、建物と〝光〟の均衡に強く魅了されました。建物の大きさや見る角度、素材の特徴を活かした巧みな自然光の取り入れ方、人工光を計算し尽くした夜間の照らされ方など、朝から夜まで、1日のなかでも隈建築はその表情を変化させます。

筆者は、カメラのファインダーを通して隈さんの造形哲学の核心に少しでも迫り、建物の一瞬の表情を捉えたくて、自治体や企業の許可を得た上で全国の隈建築を撮影してきました。本書では、これまでに撮影したなかから絞り込んだ51の隈建築を掲載しています。400以上にものぼる隈建築の一部にすぎませんが、代表的・特徴的な作品を取り上げたつもりです。竣工順に紹介しているので、隈さんの仕事の変遷も把握しやすいかと思います。

なお、本書の内容は建築の専門書のような難しいものではありません。子どもから大人まで、どの世代でも「見て、読んで、楽しく学べる」隈建築のガイドとなることを目指しました。本書を片手にぜひ全国各地の隈建築を訪れてみてください。

高橋福生 / 水と光の情景写真家

隈研吾 難産建築セレクション

STRUGGLED ARCHITECTURE

隈研吾さんは〝異端〟ともいえる建物をこれまで数多く実現させてきた。それらは限られた予算や規制のある立地などといった条件に沿いながらも、それを逆手に取って設計することで生みだされている。いずれもデザインや構造が複雑で、そのため必然的に難易度も高くなる。そのなかでもとくに難しかった11の建築を隈さん自身に選んでもらい、コメントをいただいた。

那珂川町 馬頭広重美術館

（2000年3月竣工）>> 本書 P032

KUMA's comment

歌川広重の雨の表現をモチーフにしており、屋根と壁は杉材で「線＝雨」を表した。また、当時の日本にはほとんど例がなかった、杉材に不燃処理を施すことにも挑戦した。

石の美術館

（2000年10月竣工）

>> 本書 P036

KUMA's comment

石を薄く切って、隙間を空けることで、重たい石を使った軽い建築ができる。

銀山温泉 藤屋

（2007年5月竣工）

>> 本書 P050

KUMA's comment

エントランスホールは120万本の竹材を利用した「簾虫籠（すむしこ）」と呼ばれる格子スクリーンで仕切った。職人の気が遠くなる努力に感服。

ちょっ蔵広場

（2006年3月竣工）

>> 本書 P048

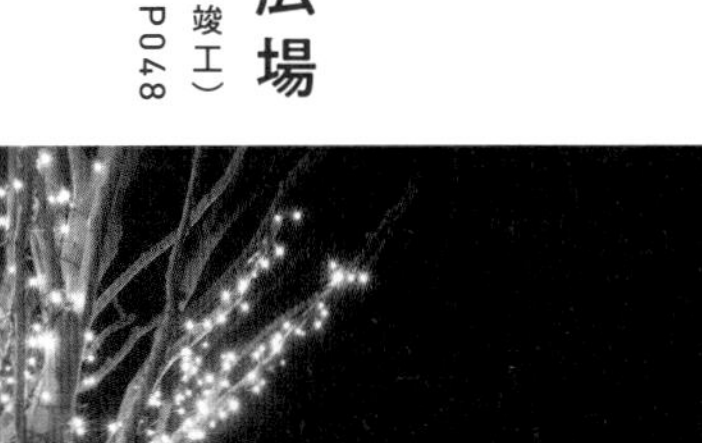

KUMA's comment

石の壁を透明にするために、鉄と石の混構造という例のないチャレンジを行った。

KUMA's comment

大きな樹木のような形を獲得するために、カーボンファイバーロッド（炭素繊維の棒）とアラスカヒノキの角材という異素材の組み合わせに取り組んだ。

COEDA HOUSE

コエダハウス

（2017年9月竣工）>> 本書 P104

STRUGGLED ARCHITECTURE

浅草文化観光センター

（2012年3月竣工）

>> 本書 P074

KUMA's comment

横から見るとわかるが、フロアが微妙にずれており、ずれたフロアとフロアの間の部分に空調機や設備の配管が入っている。

アオーレ長岡

(2012年3月竣工)

>> 本書 P076

KUMA's comment

豪雪地帯という苛酷な条件のもとで、木をふんだんに使い、市民に開かれた施設をつくった。

雲の上のギャラリー

木橋ミュージアム

(2010年9月竣工)>>本書P066

KUMA's comment

世界でも類を見ない、木を積み上げた複合構造の橋梁。それを支える支柱との両立は最高難度のチャレンジ。

GC プロソミュージアム・リサーチセンター

(2010年6月竣工)

>> 本書 P062

KUMA's comment

6センチ角という通常は柱に使えない細い木材を使って、耐震性の高い3階建ての木造を実現した。

サニーヒルズジャパン
（2013年12月竣工）>>本書P088

STRUGGLED ARCHITECTURE

KUMA's comment

家具や建具などの小さなものにしか使われない地獄組みと呼ばれる木材の組み方を、建築という大きな構造体に応用するチャレンジで、当初はこれを行える施工業者が見つからなかった。

KUMA's comment

国立の巨大施設に要求される耐久性・耐震性を、木材という材料で実現している。

国立競技場
（2019年11月竣工）>>本書P134

KUMA KENGO INTERVIEW

建築家・隈研吾、かく語りき

日本国内はもちろん、世界中で建築を請け負う日本を代表する建築家・隈研吾氏。これまで手掛けた建築は400を優に超える。そんな隈氏に建築家を志したきっかけ、大切にしている言葉、これからの展望などを筆者が尋ねた。

初めて代々木競技場を訪れたその日から建築家を志す

——巻頭では、隈さんがこれまでに手掛けた建築から「難産」だったものを選んでもらいました。どの建築がとくに難しいと感じましたか？

隈研吾（以下、隈）　実はどの建築も「難産」だったのですが、とくに難しかったのは「雲の上のギャラリー」（※1）です。構造とデザインはときに対立します。面白い構造を試みようとすると、建築デザインがうまくいきません。構造もデザインも高いレベルでバランスよく成り立たせることがいつも僕の目標です。そのふたつをうまく両立させたという点では、雲の上のギャラリーはチャレンジそのものでした。

——10歳のときに、国立代々木競技場（※2）を見て建築家を目指したとのことですが？

隈　父親に連れられて、代々木競技場を訪れ、あまりのかっこよさに「誰がつくったの？」と尋ねました。「タンゲケンゾウというケンチクカ」がデザインしたという返事を聞き、それまで猫好きで獣医志望であった僕はその日から建築家を目指しました。

——丹下健三先生（※3）のように世界で活躍する建築家像を思い浮かべていたのですか？

隈　いいえ、僕にとって丹下先生は神のような存在で、自分がその「神様」のように活躍することなど考えもしませんでした。いまも神様に対するその思いは変わりません。

——丹下先生とお会いしたことはあるのですか？

隈　お姿を拝見したことはありますが、きちんとお会いしたことはありません。少しお姿を拝見するくらいのほうが、僕の中では子どものときに抱いたイメージと変わらない神様のままでいてもらえます。あまりお話できなかったことがかえってよかったと思います。

——２０２１年に開催された「東京２０２０オリンピック・パラリンピック」のメイン会場「国立競技場」（※4）の設計に携わりました。国立代々木競技場を設計された丹下先生と同じようにオリンピック会場の設計を手掛けています。このことで意識されたことはありましたか？

隈　国立競技場のお話をいただいたとき、丹下先生とはまったく逆のデザインをしようと決めました。丹下先生は高度経済成長期という時代に形を与え、工業化という世界史の一時代のシンボルをデザインしました。でも、丹下先生と僕とでは、生きている時代がまったく異なります。僕たちが生きている今現在は、少子高齢化とポスト工業化にあります。そのため、当時とは逆のデザインでなければおかしいと考えました。丹下先生のコンクリートと鉄に対しては、木で対抗し、天に向かってそびえる垂直性のデザインに対しては、水平性と低さで応えました。

これからの建築に必要なのは、市民、施工、設計のコミュニケーション

――デビュー作である「伊豆の風呂小屋」(※5)を手掛けた頃と現在では、気持ちに変化はありますか？

隈　そのときの気持ちとあまり変わりません。基本的には、ひとつひとつの作品に全力投球で臨んでいます。気を抜くといい作品にならないので、常に緊張感を持って取り組んでいるつもりです。全力で挑んで、ひとつひとつのディテールで格闘しているという点では、気持ちに変化はないですね。

――隈さんがこれまで手掛けた作品は、４００を超えています(※6)。

隈　多くの建築を残すことは重要だと思っています。作った建築が人に愛されるからこそ、新たな依頼を受け、数が増えていくからです。僕が尊敬するフランク・ロイド・ライト(※7)は、生涯で５００の建築を手掛けています。実現しなかったものまで含めると、合計１０００にものぼるともいわれます。ライトがこれだけの数の建築で、社会を批判し、社会へメッセージを送り続けたことを、僕もモデルにしたいと思っています。

――国立競技場の設計のお話は、新潟の「アオーレ長岡」(※8)で一緒に仕事された大成建設さんからあったそうですね。

隈　アオーレ長岡は木をたくさん使った公共建築で、施工には多くの苦労もありました。しかし、できあがった建物は、市民からの評判もよく、人口27万人の長岡市で毎年１００万人を超す人々が市役所を訪れています。その成功体験で大成建設さんとの間に信頼が生まれ、それが国立競技場でのコラボにもつながりました。これからの建築に必要なのは、市民、施工、設計という三者のコミュニケーションであり、相互の信頼であると思います。

――「ハモニカ横丁　ミタカ」(※9)や「カサ・アンブレラ」(※10)など、オブジェのようなものも手掛けていますが、これらも建築といっていいのですか？　また、石、コンクリート、ガラス、鉄、そして木などの素材に挑戦されていますが、他に取り入れてみたい素材はありますか？

隈　もちろんハモニカ横丁ミタカやカサ・アンブレラなども建築です。そもそもオブジェのようなものと建築との境界をなくそうと思って試み

ていることですから。素材については、よりやわらかくなり、質感豊かになるだろうと考えています。いまは、布や土に関心があります。ファッションにはもともと興味がありましたが、建築は布を通してファッションに近付き、土を通して造園に近付くでしょう。

——本日（インタビュー時）、着ている服も隈さんがデザインしたものですか？

隈　今日、イタリアから帰ってきたのですが、イタリアでこの服を一緒につくった人たちと会っていて、着替えるのが面倒なのでそのまま着ていました。服は限定80着だったので、もう売っていません。また、アシックスとのコラボで靴も手掛けましたが、初期モデルは完売しました。そのほか、アンリアレイジ（※11）というファッションブランドともコラボで花瓶をデザインしました。プラスチックでできた造花が入った素敵な花瓶です。変わったところでは、お仏壇のはせがわとのコラボで、仏壇も手掛けています。こちらは従来の仏壇の重さとは対照的な軽やかな木の格子が特徴です。

自分がどう感じるかではなく、相手の身になって感じられるかが必要

——隈さんのこれまでの発言のなかから印象的なものについて、いくつか質問させてください。建築家とは「子どもと大人の間を自由に行き来きできる仕事」と仰っていますが、その真意とはどのようなものなのでしょうか？

隈　大人になると社会の大きなシステムのなかで仕事をするようになります。システムに則ることで仕事をスムーズに進められる反面、挑戦して失敗するとそのシステムからは弾かれてしまいます。そのため、どうしても挑戦することを嫌がり怖がるようになってしまうのです。建築家は挑戦しないと面白いものをつくりだせないので、そういう意味ではシステムに守ってもらうことを考えずに仕事をしなければいけません。システムを尊重しつつも、あるときにはシステムを超えて挑戦しなければならないと思っています。

——相手を説得する一番の方法は「相手の話をよく聞いて、相手の立場をよく理解する」と仰っています。

隈　よい建築というのは、相手の立場をよく理解することでできあがります。僕がその家に住むわけではなく、相手が生活するわけなので、相手がどのようにその空間で気持ちよく過ごせるのかということを、自分が感情移入して想像しないといけません。自分がどう感じるかではなく、

いかに相手の身になって感じられるかということが必要とされます。この感情移入する能力が大切です。これは、他の仕事や人間関係でも、同じことがいえますよね。丹下健三の先生である岸田日出刀という建築家は、クライアントとの付き合い方を教えるといって、教え子をステーキハウスに連れていったそうですが、ステーキの食べ方だけを教わってもクライアントの気持ちはわかりません。クライアント、つまり相手の気持ちにどう応えるかは、ときに怒られながらも場数を踏むしかないと思います。

――「同じデザインをしないこと」がモットーだそうですが、非常に難しいことではないでしょうか？

隈　僕からすると、同じことを繰り返すほうが飽きてしまってつまらなくなります。僕は同じことをしないことで、常に挑戦を行い、建築と格闘し続けているつもりです。格闘といっても苦しいのではなく、どちらかというと好きで格闘しているという感じです。

――建築家はもちろん、仕事をする上で大切なことは何ですか？

隈　忍耐ですかね。建築はすぐにできあがるものではありません。技術の習得もすぐには身に付きません。どちらも時間がかかります。そのできあがるまでの期間や、技術が身に付かない間をいかに耐えるかということが大切です。駆け出しの頃、職人は上の人から怒られてばかりですし、設計はクライアントから怒られてばかりです。怒られてめげてしまい、すぐにやめてしまう人は何も残せないでしょう。そういう意味では、嫌なことがあった次の日の朝に元気になっていることも大切ですね。翌日も引きずっているようだったら、建築家にはなれないと僕は思います。これは人間の本質的なことかもしれません。

地方にサテライトをつくってその土地の人と一緒に仕事をしたい

――これからの活動として、どのような方向を目指していますか？

隈　これからは地方に僕の事務所のサテライトをつくって、地方の人とさまざまな形でコラボすることを考えています。東京にだけ事務所を置くのではなく、地方にも小さな事務所をつくって、その土地の人にデスクを貸して、同じスペースで一緒に仕事ができればいいなと思っています。東京にいて机の上で図面を描いているのではなく、いろんな土地でその地の人たちとともに体を動かせていければいいですね。現状でそのようなサテライトとして、北海道、沖縄、富山、岡山、和歌山にオフィスをつくりました。すでにそれぞれのオフィスでは地域とのコラボも始まりました。

——海外には、パリ、上海、北京に事務所がありますが？

隈　パリ、上海、北京の事務所には30人ずつ人がいるので、それなりに大きなサテライトではありますが、これからは数人のもっと小さな規模のサテライトを考えています。

——最後に、生まれ変わっても建築家になりたいですか？

隈　はい、どうしても同じ仕事をしたいです！

隈研吾（くま・けんご）

１９５４（昭和29）年8月8日神奈川県生まれ。東京大学大学院工学系研究科建築意匠専攻修士課程修了。コロンビア大学客員研究員を経て、１９９０（平成2）年に隈研吾建築都市設計事務所を設立。慶應義塾大学教授、東京大学教授を経て、現在、東京大学特別教授・名誉教授。40を超える国々でプロジェクトが進行中。自然と技術と人間の新しい関係を切り開く建築を提案している。

※1　雲の上のギャラリー
本書P66。２０１０年竣工。高知県高岡郡梼原町に建つ巨大な木組みの橋。

※2　国立代々木競技場
「国立屋内総合競技場」として、１９６４年9月に竣工した。第一体育館、第二体育館などの施設からなる。設計は丹下健三で、１９６４年の東京オリンピックの競技施設として建てられた。第一、第二体育館ともに、観戦の邪魔にならないよう建物内部の柱を排した吊り屋根構造となっている。

※3　丹下健三
１９１３〜２００５年。建築家。代表作に、広島平和記念資料館（１９５５年）、静岡新聞・静岡放送東京支社ビル（１９６７年）、東京都庁舎（１９９１年）、フジテレビ本社ビル（１９９６年）などがある。

※4　国立競技場
本書P１３４。２０１９年竣工。旧国立競技場の老朽化に伴い、建て替えられた。

※5　伊豆の風呂小屋
１９８８年竣工。隈氏が初めて設計を手掛けた静岡県熱海市の別荘。トタン板のバラックのような外観で、樋は竹でできていた。三角形をモチーフにしたデザインの斬新さや空間の表現方法が、この時点ですでに見られる。

※6　４００を超えています
手掛けた作品の数は国別に、日本３０４、中国43、フランス26、イタリア24、アメリカ7、イギリス7、スイス6、台湾6、韓国6、スペイン5、ドイツ4、オーストラリア4、カナダ4、シンガポール4、インドネシア2、デンマーク2、ポーランド2、アルバニア1、スリランカ1（２０２４年2月現在。詳細は「隈研吾建築都市設計事務所」のホームページを参照 https://kkaa.co.jp/）。

※7　フランク・ロイド・ライト
１８６７〜１９５９年。アメリカの建築家。ル・コルビュジエ、ミース・ファン・デル・ローエと並び、「近代建築の三大巨匠」と称される。代表作に、ロビー邸（１９０６年）、旧帝国ホテル（１９２３年）、落水荘／カウフマン邸（１９３６年）、グッゲンハイム美術館（１９５９年）などがある。

※8　アオーレ長岡
本書P76。２０１２年竣工。新潟県長岡市にある市役所の庁舎などが入った複合交流施設。

※9　ハモニカ横丁ミタカ
本書P１０６。２０１７年竣工。東京都三鷹市にある飲食店。外観、内観ともに３００組もの自転車のスポークの廃材を用いてデザインされている。

※10　カサ・アンブレラ
２００８年にイタリアのミラノで開催されたトリエンナーレに出展された作品。15本の傘をつなぎあわせることによりできた正20面体（5面は地面に接している）のドーム型のシェルター。傘の骨の三角形を利用したトラス構造（複数の三角形の骨組み部材をつなぎあわせた構造）となっている。

※11　アンリアレイジ
ANREALAGE。２００３年にデザイナーの森永邦彦が設立した日本のファッションブランド。

建築家・隈研吾、かく語りき

CONTENTS

–2005.7

Chapter 1

隈研吾 50歳以前の仕事

2005.8－2010.7

Chapter 2

隈研吾 51－55歳の仕事

2010.8－2015.7

Chapter 3

隈研吾 56－60歳の仕事

2015.8 — 2019.7

Chapter 4

隈研吾 61-64歳の仕事

2019.8 —

Chapter 5

隈研吾 65歳以降の仕事

本書の見方

1 施設名

2 施設が竣工した年と月

3 施設の紹介と解説

著者視点による施設の紹介と解説。施設の見どころなどを述べています。

4 隈の視点

隈研吾建築都市設計事務所による施設に対するコメント。

5 data

竣工時の隈研吾氏の年齢、施設竣工時の使用目的、所在地、大きさ、施工会社など、施設の詳細なデータを記載。受賞歴がある場合は、その賞の内容も。なお、隈氏が内装しか手掛けていない場合、施設の「大きさ」は割愛しています。

6 隈語録

隈研吾氏の過去の発言を掲載。各施設とは直接関係のない内容なので、おまけ的な楽しみ方で眺めてください。

2

2012.3

独立した各階層が微妙にずれた不思議な構造

1

浅草文化観光センター

3

015 — 074

テラスから見下ろせる浅草を行き交う人の姿

観光案内所、会議室、多目的ホールなどが入った観光案内施設。雷門通りを挟んで浅草寺雷門の向かいに建つ。日が沈むと無料の屋上テラスから、スカイツリーや浅草寺や仲見世通りの夜景が楽しめる。

高さ約40メートルの建物の外観は、各階にある片流れ屋根と間隔の空いた杉材のルーバーが印象的だ。もちろんこれらはデザインとしてだけではなく、日差しを防ぐ実用的な役割も担っている。

よく見ると各階が独立して積み重なっており、微妙にずれている。建物自体は8階だが、下から3つめの層が建物内で3階と4階に分かれており、外観は7つの層で構成されている。難しい構造計算・設備設計の賜物である。

隈の視点

5

data

［竣工］2012年3月
［竣工時の隈氏の年齢］57歳
［竣工時の使用目的］店舗／飲食｜文化施設
［所在地］東京都台東区雷門2丁目18番9号
［大きさ］2,159㎡、地上8階・地下1階
［施工会社］フジタ・大雄特定建設工事共同企業体
［受賞歴］2012年グッドデザイン賞

6

隈語録

日本の基本形は、10.5センチの小径木文化

※本書掲載の情報は2024年2月現在のものです。すでに更新されている情報もあります。

隈研吾
50歳以前の仕事

KUMA KENGO's works
until the age of 50

−2005.7

Chapter 1

1991.10

M2

コンクリートデザインの初期の代表的な建築

内観は外観と対照的
近未来的な吹き抜け

ひと言で表すと奇抜そのもの。自動車メーカーのデザイン・ラボとして建てられた。建物の中央は、古代ギリシャの建築様式であるイオニア式の大きな柱を模しており、柱の中は吹き抜けとなっている。建物内に足を踏み入れて吹き抜けを見上げると、金属に覆われた内観が光に反射し、外観とは対象的に近未来的な不思議な空間を目にすることができた。

2024年2月現在、環状八号線沿いのこの建物は斎場となっている。

隈の視点

東京のエッジ（ふち）はさまざまな建築様式、素材、スケールが混在する断片が散在するカオス（無秩序）である。その断片の集積状態を、意図的に加速、強調してひとつの建築の中に実現した。中が大きな空洞となったイオニア式の柱、ロシア構成主義で知られるソ連の建築家・レオニドフを思わせるアンテナ、高速道路の遮音板などが、脈絡なく重合している。

data

［竣工］1991 年 10 月
［竣工時の隈氏の年齢］37 歳
［竣工時の使用目的］オフィス | 店舗／飲食
［所在地］東京都世田谷区砧 2-4-27
［大きさ］4,482㎡、地上 4 階・地下 1 階
［施工会社］鹿島建設

映画のワンシーンにも登場しそうな吹き抜け。

architecture column

M2の弟的存在・ドーリック南青山

隈研吾さんのデビュー作は木造別荘の「伊豆の風呂小屋」（1988年7月竣工）で、33歳のときである。M2を手掛けたのはその3年後となる。同時代の建築が、東京青山の外苑西通りにある「ドーリック南青山」だ（1991年9月竣工）。7階建てのオフィスビルで、M2とともにポストモダン建築といわれ、こちらもギリシャの建築様式であるドーリア式の柱を取り入れている。

2024年2月現在、1階と2階にはデンマークの家具ブランドであるフリッツ・ハンセンが入っている。

隈語録／不揃いを魅力として建築に取り入れる

1994.3

雲を造形化した本格的な「木」の建築の第一号

data
[竣工] 1994年3月
[竣工時の隈氏の年齢] 39歳
[竣工時の使用目的] 宿泊・娯楽
[所在地] 高知県高岡郡梼原町
[大きさ] 1,274㎡、地上2階
[施工会社] 竹中・須崎設計工事共同企業体

雲の上のホテル（改修中）

建物正面にあった池は梼原の棚田をイメージ

愛媛県と高知県に跨るカルスト台地・四国カルストにあり、標高1455メートルという高地に位置する梼原町（ゆすはら）は、町の91％を森林が占め、平地が少ないため、「神在居（かんざいこ）の千枚田」と呼ばれる斜面を利用した棚田で知られている。

そんな梼原町に産声をあげたのが雲の上のホテルだ。隈さんが手掛けた最初の本格的木造建築といえる。屋根の断面は楕円形で、その名のとおり雲の形が取り入れられている。また、建物の正面には棚田をイメージした池が設置され、池越しに雄大な山並みを望むことができた。

なお、この建物は老朽化が進んだことから2021年に解体されたが、隈さんによる新しいデザインのホテルに建て替えられる予定だ。

建物正面の池越しの景色。霧が山にまとい、造形化していった。

隈
語録

原点である梼原という物差しを大切にしている

1994.3

雲の上のホテル

隈の視点

高知県の梼原は、バブルがはじけて東京の仕事がすべてキャンセルされた僕にとって、再生のための重要な場所であった。木という素材に梼原で出会って再生することができた僕の再生第一号の建築である。

屋根の断面が雲の形になっている。

architecture column

隈さんの原点・梼原町とその総合庁舎

隈さんが梼原の地を訪れることになったのは、1980 年代半ばに、かねてから交流のあった高知県に住む建築士の小谷匡宏さんから、木造の芝居小屋「ゆすはら座」の保存活動に力を貸してほしいとお願いされたのがきっかけ。その木のつくりに感動し、芝居小屋の本造の技を受け継ぐ職人さんに出会ったことが、「木の匠」としての原点となった。雲の上のホテルを手始めに、隈さんは梼原町に 6 点もの建築を手掛けていく。そのうちのひとつ、2006 年 10 月に竣工したのがこちらの梼原町総合庁舎だ。

梼原町産の杉材をふんだんに使用し、内も外も木の温もりが感じられる梼原町総合庁舎。

隈語録

建築家とは「子供と大人の間を自由に行き来する仕事」

1995.4

海と融け合うウォーターバルコニーを実現

水／ガラス（ATAMI 海峯楼）

data

［竣工］1995 年 4 月
［竣工時の隈氏の年齢］40 歳
［竣工時の使用目的］レジデンス
［所在地］静岡県熱海市春日町 8-33 ATAMI 海峯楼
［大きさ］1,150㎡、地上 3 階
［施工会社］竹中工務店
［受賞歴］アメリカ建築家協会（AIA）、ベネディクタス賞

ガラスがモチーフの意欲的で実験的な作品

「水／ガラス」は、全面がガラスで覆われていて水に浮かんでいる。熱海にあるたった4室のリゾートホテル「ATAMI 海峯楼（かいほうろう）」に備

えられた食事を摂るためのスペースで、ウォーターバルコニーと呼ばれている。

「太平洋の水と建築の中に捕らえられた水とがひとつに融け合う」ことを目的に、海面と屋内に設けられた水盤の水面とが渾然としたつくりになっており、椅子に座って遠くまで目を向けると、まるで太平洋の上に佇んでいるかのように感じるだろう。ガラスは楕円形の部屋に合わせて湾曲しており、強度を含めて技術的に難度の高い構造となっている。

この作品以降、隈さんはガラスをモチーフとした作品をほとんど手掛けていない。熱き若い時代の実験的な作品といえるだろう。

隈語録

大きな自然に逆らわずに飲み込まれていく

2000.3

歌川広重に倣い 2万本の杉を雨に模した大作

那珂川町 馬頭広重美術館

地元の八溝杉を用いた 横長で切妻屋根の建物

歌川広重の作品を中心として収蔵・展示する美術館。建物は「広重の芸術と伝統を表現する落ち着きのある外観」をコンセプトとして、平屋建てに切妻の大屋根を採用しており、その横幅は125メートルにも及ぶ。屋根やルーバー（日除けや換気などを目的として長細い羽板を一定幅で平行に並べたもの）には、地元の特産品である八溝杉を不燃加工して用いており、建物全体で使用された杉材は2万本にものぼる。それ以前は公共施設では木を大量に使用できなかったが、防火や防腐の処理技術が進歩し、可能になった。

「線＝雨」をデザインして組まれた杉の木は、雨を表現する広重の有名な絵画技法をモチーフとしている。広重は、雨雲を摺師に任せてぼかし、打ち付ける雨を斜めの黒い直線で表すことで、奥行きのある画面を構成した。広重の代表作「大はしあたけの夕立」でもこの技法が用いられている。

隈の視点

歌川広重が木版画の中につくりあげた独特の空間構成を建築化しようと考えた。広重はレイヤー（層）の重なりとして、三次元の空間を表現しようと試みた。西洋絵画におけるパースペクティブ（遠近法による表現）を用いた三次元空間とは対照的な方法であり、この透明なレイヤー方法は、近代建築に大きな足跡を残したアメリカの建築家フランク・ロイド・ライトの建築にも大きな影響を与えている。杉材でつくった木製ルーバーを用いて、このスーパーインポジション（ふたつの画面を重ねてひとつの画面にすること）の方法を建築化しようと考えた。

2000.3

美術館のある場所には、以前はタバコ工場があった。
さまざまなスタディーの結果、工場と同じ横長の形になったという。

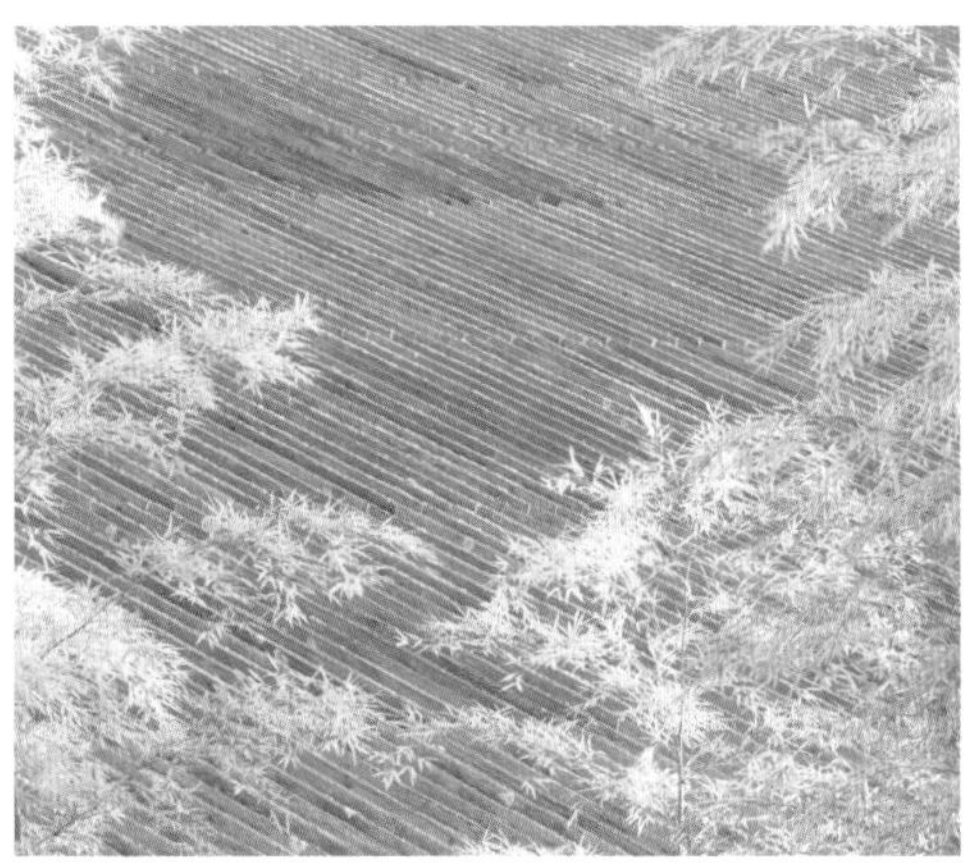

内部も直線で構成されている。
壁には障子のように細い杉に和紙が貼り付けられており、外から光が差し込むとぼんやりと柔らかく反射する。

data

［竣工］2000 年 3 月
［竣工時の隈氏の年齢］45 歳
［竣工時の使用目的］文化施設
［所在地］栃木県那須郡那珂川町馬頭 116-9
［大きさ］1,962㎡、地上 1 階・地下 1 階
［施工会社］大林組
［受賞歴］第 9 回公共建築賞特別賞、第 9 回公共建築協会優秀賞、2004 年エコビルド賞、2003 年日本建築学会作品選奨、第 42 回 BCS 賞、2000 年度第 14 回村野藤吾賞、2000 年第 12 回マロニエ建築賞（建築文化・街並み景観・人にやさしい建築部門）、平成 12 年度優良木造施設推奨審査優秀賞

2000.10

石を薄く加工して積み重ねた建物

石の美術館

data

[竣工] 2000 年 10 月
[竣工時の隈氏の年齢] 46 歳
[竣工時の使用目的] 文化施設
[所在地] 栃木県那須郡那須町芦野 2717-5
[大きさ] 527㎡、地上 1 階
[施工会社] 石原工務店
[受賞歴] 2001 年第 13 回マロニエ建築賞
(街並み景観建築部門)、
第 7 回国際石材建築大賞

「石蔵ギャラリー」「石と水のギャラリー」「石と光のギャラリー」という3つのギャラリーをはじめとする6棟の建物が、石橋でつながっている。

ブロック穴を通して建物内部に差し込む光

「芦野石（あしのいし）」の産地として知られる那須町芦野にあるミュージアム。大正〜昭和期に建てられて米を貯蔵していた石蔵を再利用した建物や、組積造（そせきぞう）（石やレンガなどを積み上げていく工法）で新たに建てられたいくつかの石造りの建物で構成されている。敷地内には水が張られており、各建物へは石橋を通して行き来できる。

明治時代から採掘が始まった芦野石は石英安山岩質溶結凝灰岩で、加工しやすく耐火性に優れており、一時期は順調に生産を伸ばしていたが、1990年代以降は需要が減っていた。その芦野石をシンボルとした街づくりの一環として美術館は計画された。
　建物のひとつである「石と光のギャラリー」と「石と水のギャラリー」は、薄く加工した芦野石を互い違いに積み上げて建てられている。石と光のギャラリーでは厚さ6ミリの白大理石を透過して、石と水のギャラリーではブロック穴を通して、それぞれ外光を巧みに取り入れており、石の合間から漏れる光の前に立つと森厳な雰囲気に包まれる。

石と水のギャラリーでは、写真の左側がギャラリースペースになっていて、写真や絵などを壁に展示できる。

隈の視点

室内空間だけで成立するような展示空間ではなく、3つの石蔵の中間のスペースをも半屋外の展示空間としてデザインすることで、内外を自由に行き来する自由なシークエンス（配列）が生まれた。芦野石を用いて、新しい石のディテールに挑戦し、独特の光の効果を内部につくりだした。

architecture column

断らないことで訪れた人生の転機

石の美術館のオーナーは、白井石材という石屋さんだ。その社長からの建築依頼の条件は「予算はゼロだが、石材と石職人は自由に使ってほしい」というものだった。隈さんは悩んだが、「自分の意のままに石を使えて、自分の指示で職人さんに動いてもらえるのは、建築家冥利に尽きる」と考えて引き受ける。数年もの歳月をかけて完成した石の美術館は、結果的にイタリアの「国際石材建築大賞」という栄誉に輝いた。また、2002年には中国の北京にて「竹屋 Great（Bamboo）Wall」という小さなホテルを手掛けた。万里の長城脇の斜面に建てられたこのホテルの外壁はすべて、竹製のルーバーで覆われている。こちらの依頼条件は、「設計料は100万円だが、ラフ図面だけを送ってくれればよい」というものだった。しかし、隈さんは「そういうことはできません」と、100万円の予算のなかで数回にわたる現地視察と設計までを行った。この竹屋は、映画監督チャン・イーモウが総合演出を務めた2008年夏の北京オリンピック開会式の映像に登場し、中国中央電視台で毎日のように放送された。これにより中国全土、さらには全世界へと隈さんの名が知れ渡るきっかけとなった。どちらの仕事も断らないことで大きな仕事へと結びつき、人生の転機となっている。

隈語録

構造をデザインにつなげると、建物が生命を持つ

2001.3

高崎駐車場 ウエストパーク1000

歴史的建造物を意識した外壁と白い楕円が連続する内壁

モノトーンが美しい 螺旋状に連なる楕円

JR高崎駅東側の線路沿いに建つ1000台収容の公共駐車場。周辺には、世界遺産の富岡製糸場、旧新町紡績所、旧アメリカン・ボード宣教師館など、レンガ造や基礎にレンガを用いた歴史的建造物が数多く点在している。

建物は、外部にプレスキャストコンクリート板と曇りガラス板の羽板をランダムに配置し、光を取り入れている。ランダムに配置することで、光のバランスもコントロールしているという。プレスキャストコンクリート板はブラウンの顔料（ピグメント）を練り込むことで着色されており、歴史的建造物のレンガとの素材感の調和を目指している。

　駐車場の上階から1階を見下ろしても、反対に1階から見上げても、螺旋状に連なるスロープの楕円にモノトーンが映え、とても美しい。

隈の視点

プレスキャストコンクリート板の角度、密度は、外部・内部の関係の変化に応じて変化させた。例えば、前面の遮蔽物の位置に応じて角度を調整し、遮る建築物がない場所では、ルーバーは視界を遮らないように直角に配置された。また、エレベーターや階段などの縦動線の前面には、曇りガラスのルーバーを高い密度で設置し、内部に間接的に自然光を取り入れた。

外壁はプレスキャストコンクリート板と曇りガラス板がランダムに配置されているので、色とりどりの羽板があるように見える。

data

［竣工］2001年3月
［竣工時の隈氏の年齢］46歳
［竣工時の使用目的］駐車場
［所在地］群馬県高崎市旭町34-1
［大きさ］29,702㎡、地上7階
［施工会社］井上工業、冬木工業、信澤工業JV
［共同設計者］アール・アイ・エー

隈語録

忍耐力を持って継続すれば、必ずあるレベルに到達する

2004.11

NTT青山ビル改修（エスコルテ青山）

青山通りとの接続を目指して「都市に開き、都市に参加させる」

剛健さを感じさせる青空に似合うデザイン

東京都内の青山通り沿いにある不思議な造形物。ビルの低層部に変化をもたらした力作である。剛健さを感じさせる同一のパターンの繰り返しが晴れた日の青空によく似合っている。

「かつてはブラックボックスであった電話局を都市に開き、いかに都市に参加させるかということを目標とした」という。1階にカフェなどのショップを入れることで、電話局と開かれた青山通りとの接続を目指している。

ちなみに、根津美術館やサニーヒルズ、国立競技場など、この付近には隈さんが手掛けた建築がいくつも存在する。

data

［竣工］2004年11月
［竣工時の隈氏の年齢］50歳
［竣工時の使用目的］店舗／飲食
［所在地］東京都港区北青山2丁目7-15
［施工会社］第一ヒューテック、三興電設

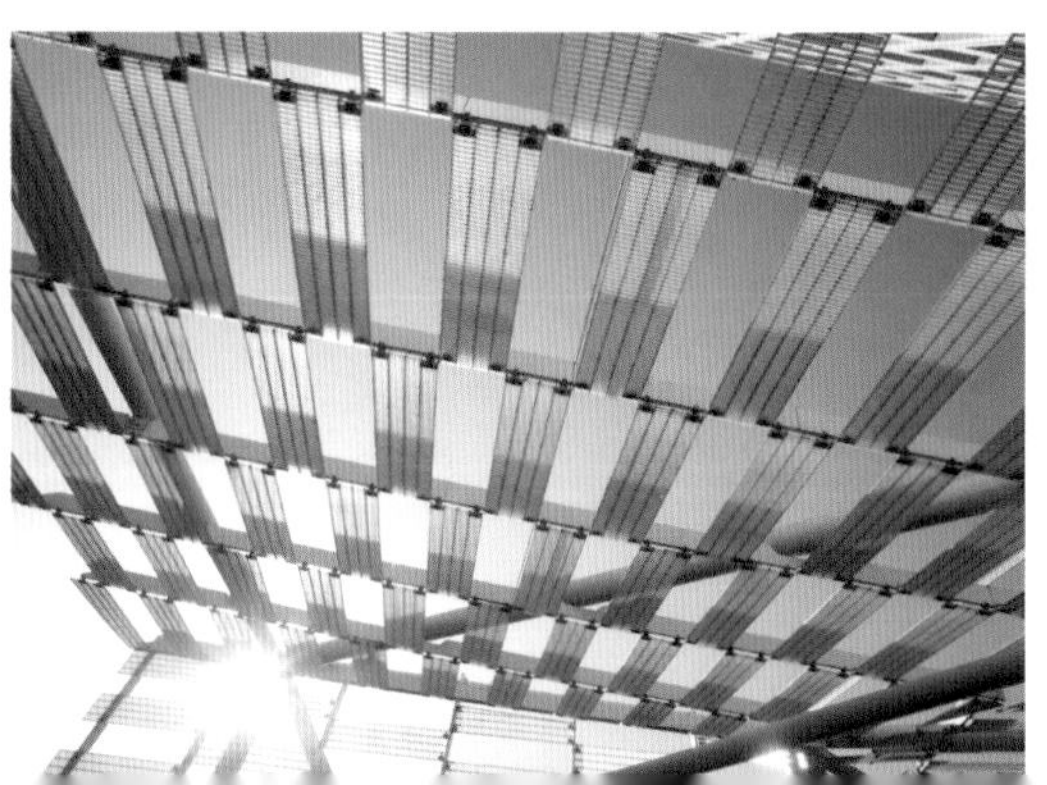

隈の視点

青山通りと裏側のスタジアム通りとを、FRP（繊維強化プラスチック）製のグレーチング（金属で作られた格子）と竹の植栽とで覆われた「孔（あな）」で結び付けた。東京の中に有機的なテクスチャーを持つ「孔」を開けることで、かつて存在していた路地ネットワークを再生しようと考えた。

隈語録

砂時計は僕が考える建築の孔に似ている

2005.2

運河に架かる
30メートルの「夢の架け橋」

長崎県美術館

隈の視点

運河によって分断されたふたつの敷地を、美術館によってひとつにつなごうと考えた。展示空間は運河に向けて開かれ、水と運河、自然とアートとをひとつに融合しようと試みた。屋上は緑に覆われ、もうひとつの「緑のミュージアム」となっている。

垂直に何本もそびえる高さ15メートルの石板

長崎市内にあるガラス張りの美術館。すぐ近くには路面電車も走っており、長崎水辺の森公園に隣接する。

運河を挟んで東側の「美術館棟」と西側の「ギャラリー棟」のふたつの棟からなり、それぞれの屋上庭園から伸びる幅約9メートル、長さ約30メートル空中回廊が両棟を結ぶ。運河はもともと長崎水辺の森公園の一部として、美術館よりも先に存在していた。計画時に隈さんがこの地を訪れた際、この運河の存在に感動し、運河をまたぐふたつの建物の構想を練ったという。

建物の魅力のひとつが、最大で高さ15メートルにもなる石のルーバーだ。ブラジル産の花崗岩（かこうがん）でできた60×30センチの羽板を鉄枠に収め、積み上げるという高難度の技法を用いている。

data

［竣工］2005年2月
［竣工時の隈氏の年齢］50歳
［竣工時の使用目的］文化施設
［所在地］長崎県長崎市出島町2番1号
［大きさ］10,249㎡、地上3階
［施工会社］大成建設
［共同設計者］日本設計
［受賞歴］2009年度建築九州賞作品賞、2006年度日本建築家協会賞、2007年日本建築学会作品選奨、第47回建築業協会賞、第47回BCS賞、2005年グッドデザイン賞

隈語録

建築家にとって大切なことは、人とのコミュニケーションであり、信頼されること

高さ 15 メートルの石のルーバーは圧巻。夜の光に照らされると、さらにその威容に磨きがかかる。

隈研吾
51−55歳の仕事

KUMA KENGO's works
from the age of 51 to 55

2005.8−2010.7

Chapter 2

2006.3

ちょっ蔵広場

地元の大谷石で挑んだ新しい技術

光と風を取り込むため格子状に積んだ大谷石

JR東北本線・宝積寺(ほうしゃくじ)駅のすぐ目の前にあり、誰でも気軽に立ち寄れる広場。「光と風が通り抜けるイメージ」で設計された。ちなみに宝積寺駅の駅舎も隈さんが手掛けている。

広場に建つ商業施設には、食堂やホール、商工会などが入っている。その外壁には大谷石が使われており、光と風を取り入れるために格子状に積まれている。大谷石は宝積寺駅から約20キロ西に位置する宇都宮市大谷町が産地だ。この広場の場所にはもともと米蔵が建っており、その米蔵で使用されていた大谷石を加工して施設に再利用した。

外壁を透過させるために大谷石を格子状に積んでいるが、単に積み上げるだけでは強度に問題があるので、鉄板で大谷石を上下から固定する特殊な構造が採用されている。

隈の視点

大谷石を積んでつくった古い石蔵を保存し、それを核としながら、コミュニティの活動の中心となる、新しい駅前広場を創造した。広場を囲い込むような形で解体した石蔵の大谷石を再利用し、鉄板を組み合わせたユニークな構造システムに挑戦することで、半透明な石の壁をつくった。地元の蔵の素材として親しまれてきた大谷石の独特の素材感を生かしながら、透明性を達成し、従来の石の建築には達成できなかったオープンな公共空間の形成を行った。

data

［竣工］2006 年 3 月
［竣工時の隈氏の年齢］51 歳
［竣工時の使用目的］文化施設
［所在地］栃木県塩谷郡高根沢町宝積寺 2416
［大きさ］607㎡、地上 1 階
［施工会社］渡辺建設、仙波工業
［受賞歴］インターナショナル・アーキテクチュア・アワード最新グローバルデザイン賞、ディーテイルプライズ 2007 スペシャルプライズ

建物の中から漏れるおぼろげな光と街灯の光が
柔らかく混ざり合い、夜空に美しく溶け込む。

隈語録

知識が世の中での実践にどうつながるかが、とても大事

2007.5

銀山温泉 藤屋

3万本の真竹を用いたフロアは圧巻 大正時代の木造建築

老舗の温泉旅館を彩る竹とステンドグラス

400年の歴史がある銀山温泉は、NHK連続テレビ小説「おしん」にも登場した温泉地だ。銀山川を挟んで大正時代から続く12軒の旅館が立ち並んでいる。そのうちの1軒である藤屋は、2006年、それまでの建物が古くなったため、隈さんの設計によって改修が行われた。

吹き抜けになっているエントランスホールをはじめ、建物の内部は「簾虫籠（すむしこ）」という細い竹のスクリーンで仕切られている。3万本の真竹を1本あたり縦に40等分して、合計120万本もの竹材を使用した。職人が1本ずつ手作業で固定し、3カ月半もかかったという。また、外部を隔てる扉には、「ヴェールルダルト」という中世の工法による透明に近い淡い緑色のステンドグラスが使われている。

簾虫籠とヴェールルダルトによって薄いフィルターが重ねられた建物の内と外は、夜にあかりが灯されると幽玄な雰囲気を漂わせる。

data

［竣工］2007年5月
［竣工時の隈氏の年齢］52歳
［竣工時の使用目的］宿泊・娯楽
［所在地］山形県尾花沢市銀山新畑443
［大きさ］928㎡、地上3階
［施工会社］愛和建設
［受賞歴］DFA design for Asia Awards 2008 Grand Award、Award of Excellence 25th Annual IALD International Lighting Design Awards

隈の視点

100年の歴史を持つ建物が老朽化したため、使える木材を再利用して、リノベーションを行った。コンクリート建築をすべて取り去り、もともとの木造建築の繊細さに可能な限り戻すことを試みている。4ミリの幅の竹を用いた繊細なスクリーンと、中世シトー派修道院で好まれた限りなく透明に近いステンドグラスを新たに導入したことにより、大正時代に建てられた既存建築に対し、さらなる繊細な表情を与えることができた。

隈語録

建築家は忍耐というのが一番大切

2009.2

800本の竹による
都会の中の美しい回廊

根津美術館
（本館）

竹のルーバーの演出が
街の喧騒を忘れさせる

1941年に開館した根津美術館は、広大な敷地に豊かな緑と日本庭園を有する。三代目の建物となる本館は隈さんが設計を手掛け、2009年2月に竣工した。

敷地に入ると本館入口までは、左手に竹垣、右手に本館建物の壁を覆う竹のルーバー（日除けや換気などを目的として長細い羽板（はいた）を一定幅で平行に並べたもの）を目にしながら、切妻（きりづま）の瓦屋根の軒下を進むことになる。足を踏みだ

隈の視点

コンクリートの箱として閉じたミュージアムではなく、大きなガラスの開口部によって庭と一体化した展示空間をつくり、庭と建築とアート作品とがひとつに融合した状態をつくりだそうと考えた。深い庭に覆われて、竹によって特徴付けられたアプローチ空間は都市の雑踏からスピリチュアルアートの空間を守るための仕掛けである。

館内のカフェ。三方がガラス張りで開放感がある。天井には和紙に似たタイベックという素材を使用し、光による季節感を演出する。

すごとに都会の喧騒から切り離されていく見事な演出だ。

ルーバーに使われているのは京都で加工された太さもまばらな晒竹で、「長い1本の竹を薬品で煮る方法もあるが、火であぶり、油を抜いてまっすぐにするという、あえて手間のかかる加工を施している」とのこと。約800本も使用している。

data

［竣工］2009年2月
［竣工時の隈氏の年齢］54歳
［竣工時の使用目的］文化施設
［所在地］東京都港区南青山6-5-1
［大きさ］4,014㎡、地上2階・地下1階
［施工会社］清水建設
［受賞歴］第52回BCS賞、
2010 Apocor Japan Natural Cork Award、
第51回毎日芸術賞

隈語録

アーティストとして常にすべての作品に全力投球

2009・7

ガーデンテラス長崎

形や大きさ、色の異なる杉材が組み合わされた立体構造

陽を浴びるテラスから長崎の街と海を一望

稲佐山の中腹に建ち、長崎市の街並みと港を一望できる全室オーシャンビューのリゾートホテル。本館、コテージ棟、レストラン棟に分かれており、本館の壁面は、形や大きさ、色が異なる四角形の杉材が組み合わされている。壁面の杉材に合わせて窓の大きさと配置もランダムである

外壁の杉材の色相も微妙に異なる。

ホテルの部屋から不規則に漏れ出る光も美しい。

かのように見える。

本館屋上の開口部もさまざまな大きさでに配置されており、テラスに差し込む日光は時間帯によって表情を変える。また、屋上にはガラス張りのチャペルも備わっている。

隈の視点

外壁や内装に木をたくさん使えば、木の建築になるわけではない。木という自然素材が宿命として持つ小ささと、大きなヴォリュームとの間のギャップが大きすぎると、木でできた建築には感じられない。木をパネル状にしてヴォリュームと木との中間的なスケールを創出し、この中間的スケールの木パネルで、大きなヴォリュームを構成することで、全体が木で「つくられた」と感じられる。

屋上のテラスからは向かいに広がる長崎の市街地を一望できる。写真右奥は、全面ガラス張りのチャペル。

data

［竣工］2009 年 7 月
［竣工時の隈氏の年齢］54 歳
［竣工時の使用目的］宿泊・娯楽
［所在地］長崎県長崎市秋月町 2-3
［大きさ］7,104㎡、
地上 4 階・地下 1 階
［施工会社］清水建設
［受賞歴］第 52 回 BCS 賞、
2010 年度建築九州賞作品賞（一般建築部門）

隈
語録

自分から動かないと、人は何もやってくれない

2009.12

蜂の巣のような合板構造で
店内は異空間に

ルシアン・ペラフィネ
心斎橋
（現存せず）

有機的なパターンの形の異なるセルの連続

心斎橋近辺の御堂筋沿いにはブランドショップが点在している。隈さんが内装を手掛けたルシアン・ペラフィネ心斎橋も、2020年に撤退するまでそのひとつだった。

店内は壁から天井にかけて、合板を使った五角形と平行四辺形の〝セル〟が連なっていた。「蜂の巣」のようにも見えるが、隈さんによると「植物の表面のような有機的なパターン（ベジブルウォール）」とのこと。よく見ると〝セル〟の形は均等ではなく、ひとつひとつ異なっている。残念ながらショップは現存してないが、雑踏の中から店内に足を踏み入れると不思議な空間に迷い込んだようだった。

各セルは商品を置くためのシェルフ、ケース（陳列棚）としても活用されていた。「ベジブルウォール」は、店に入らなくても御堂筋を歩いていれば見ることができた。

隈の視点

構造的合板を用いたジョイントシステムを用いて、ファッションブランドのオーガニックなイメージを建築で表現するこのことを提案した。2種類の幅を持つ構造用合板と3種類のアルミコネクターを用いて、自由に増殖可能な“ベジブルウォール”が生まれた。真横から見ると五角形と平行四辺形が繰り返されるパターンで構成されるベジブルウォールは、奥行き方向に引き延ばすことで、洞窟状空間を生成する。

data

［竣工］2009年12月
［竣工時の隈氏の年齢］55歳
［竣工時の使用目的］内装｜店舗／飲食
［所在地］大阪府大阪市中央区西心斎橋
［大きさ］──
［施工会社］スマイルデザイン

隈語録／昔もいまも建築への向き合い方は変わらない

2010.6

玉川高島屋S・C本館ファサード改修

風速60メートルにも耐える穴の開いた金属板

白いアーケードの下では風と光と緑を存分に感じることができる。

自然との共生を目指す歩行者用のアーケード

もともとあった建物のファサード（建築物の正面）を改築した。

白い大蛇か恐竜の骨組みのような奇妙な構造物が、建物に沿ってうねっている。ところどころ緑に覆われたこの構造物は、歩行者用のアーケードだ。6ミリ厚のパンチングメタル（アルミ板に穴を開け

data

［竣工］2010年6月
［竣工時の隈氏の年齢］55歳
［竣工時の使用目的］商業
［所在地］東京都世田谷区玉川3-17-1
［大きさ］55,770㎡、
地上6階・地下3階
［施工会社］東急建設

たもの）168枚を曲線で切り抜き、細い鉄骨でつなぎあわせている。60メートルの強風にも耐えられるように設計されており、穴が開いていることで風や光を感じることができる。

前年に隈さんが建て替えを手掛けた本館向かいのマロニエ・コートとともに、玉川高島屋が昔から取り組む「自然と共にある二子玉川」というコンセプトが活かされている。

隈の視点

玉川高島屋の中層棟に、歩行者用のアーケードを増築し、都市と建築（ハコ）をやわらかく接合しようと試みた。有機的形態を持つ、やわらかなアーケードの下部にはプラントボックスを設けている。やがてはプラントボックスが「緑の洞窟」となって、心地良い立体的遊歩道となるであろう。

隈語録 ／ ユニークな建築は時代を超えて永遠

2010.6

GCプロソミュージアム・リサーチセンター

細い千鳥格子に囲まれた3階建ての巨大な施設

角度によっては、千鳥格子が六角形に見える箇所がある。

建物に入ると感じるほのかなヒノキの香り

木製の立体格子でできたこの規模の建築は、世界でもあまり見られないだろう。職人をはじめとする関係者が隈さんのイメージに共感したことで、実現できた力作だ。歯科医療メーカー・ジーシーデンタルプロダクツの展示施設として建てられた。

細いヒノキの角材に切れ込みを入れることで、釘や接着剤を使用せずに組み上げており、建物内部に足を踏み入れると、ほのかにヒノキの香りを感じることができる。

なお、公道に面しているので外観は自由に閲覧できるが、内覧には許可が必要となる。

data

[竣工] 2010年6月
[竣工時の隈氏の年齢] 55歳
[竣工時の使用目的] オフィス | 文化施設
[所在地] 愛知県春日井市鳥居松町2丁目294
[大きさ] 626㎡、地上3階・地下1階
[施工会社] 松井建設
[受賞歴] 第18回愛知まちなみ建築賞(2011年度)

隈の視点

鉄筋コンクリート造の3階建ての建物を、6センチ角の細い木材を用いた格子で囲んだ。この木製格子は飛騨高山に伝わる木製の玩具「千鳥」を発展させたもので、釘も接着剤も用いずに組み合わせている。木製のグリッド(格子)は建物を支える構造体であると同時に、ミュージアムの展示物を陳列するための展示ケースの役割を果たしている。上にいくに従ってせりだす断面形状は、木材を雨から守るためである。

隈
語録

建築家は挑戦し続ける気持ちが大事

2010.6

木組みの間から漏れる光を浴びていると、まるで森にいるような優しい気持ちになる。

隈研吾

56–60歳の仕事

KUMA KENGO's works
from the age of 56 to 60

2010.8–2015.7

Chapter 3

2010.9

data

[竣工] 2010年9月
[竣工時の隈氏の年齢] 56歳
[竣工時の使用目的] 文化施設
[所在地] 高知県高岡郡梼原町太郎川
[大きさ] 445㎡、地上2階・地下1階
[施工会社] 四万川総合建設
[受賞歴] 木材利用推進中央協議会
平成23年度優良木造施設優秀賞、
芸術選奨文部科学大臣賞

忘れられた橋の形を
蘇らせた最高難度の建築

雲の上のギャラリー

（木橋ミュージアム）

巨大な木の構造体を森の中に溶け込ませる

建築家としての原点ともいえる高知県の梼原町で、隈さんは6点の建築を手掛けている。1994年竣工の雲の上のホテル、2006年竣工の梼原町総合庁舎、2010年竣工のまちの駅「ゆすはら」と雲の上のギャラリー（木橋ミュージアム）、2018年竣工の梼原町立図書館（雲の上の図書館）とYURURIゆすはらだ。

そのうちのひとつ、雲の上のギャラリー（木橋ミュージアム）は梼原町の山間部に現れた巨大な木の構造体。橋の端部にはギャラリーが併設されている。「森のような建築

隈さんの手による雲の上のギャラリーのラフスケッチ。

隈の視点

両端から刎木（はねぎ）を何本も重ねながら持ち出して橋桁を乗せていく、「刎橋（はねばし）」という忘れられた架構形式を採用した。刎橋は山梨県大月市にある「猿橋」のみが木板貼りの鉄骨造に変わって唯一現存しているだけである。地域文化の活性化、アーバンデザイン、架構技術、素材と伝統表現といったさまざまな主題をブリッジすることでできあがる、公共建築の新たなあり方を試みている。

物をつくり、森の中に溶け込ませたい」という願いを込めて建てられた。

1本の橋脚がやじろべえのように橋桁を支える構造となっている。また、刎木（はねぎ）を次々に差し込んで橋桁を構成する「刎橋（はねばし）」といわれる江戸時代に存在した橋の形式で架橋されており、その複雑な木の組み合わせ方は筆者にはまるで理解できない。最高難度の建築ともいわれるこの橋の佇まいは、圧巻のひと言に尽きる。

橋の内部は光に満ち溢れている。

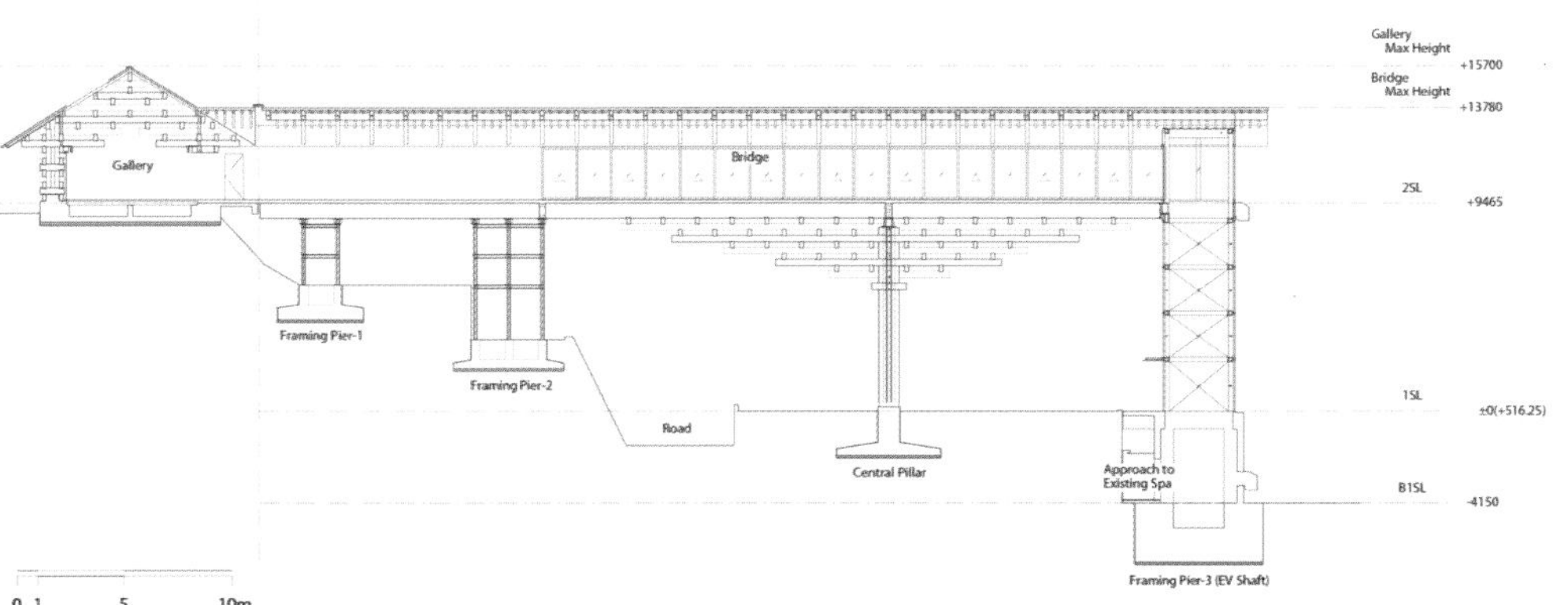

Expansion Line
Gallery
Max Height
+15700
Bridge
Max Height
+13780
Gallery
Bridge
2SL
+9465
Framing Pier-1
Framing Pier-2
Road
Central Pillar
Approach to
Existing Spa
1SL
±0(+516.25)
B1SL
-4150
Framing Pier-3 (EV Shaft)
0 1 5 10m

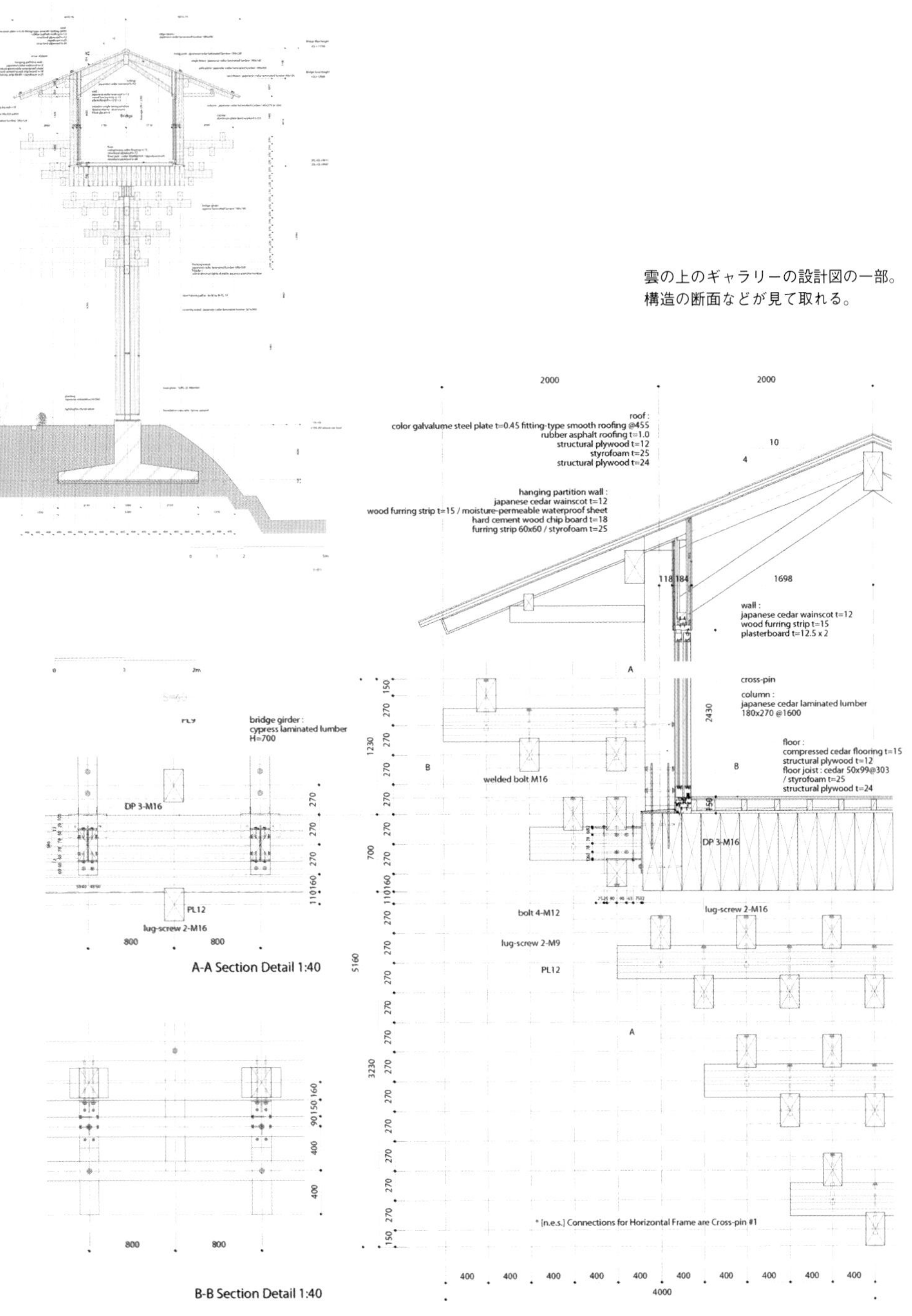

雲の上のギャラリーの設計図の一部。
構造の断面などが見て取れる。

隈
語録／ 自然を活かせる建築と、自然をダメにしてしまう建築がある

2011.11

スターバックスコーヒー太宰府天満宮表参道店

長細い店舗をヒノキ材2000本で演出

隈の視点

間口が7.5メートル、奥行きが約40メートルの長細い敷地を考慮して、木を斜めに組み、光と風が流れるような有機的な空間をつくった。内部空間を覆い尽くすX形の木組みは、筋交いとして建物を支える。全体を組んだ後、ジョイント（接合部）をダボ（木材などを接合する際に差し込まれる円筒形の棒）で縫うことにより、木組みをより硬いものとした。歴史ある土地と現代的な木造技術の遭遇が、他のスターバックスコーヒーの店舗とは異なるユニークな空間を生みだした。

data

[竣工] 2011年11月
[竣工時の隈氏の年齢] 57歳
[竣工時の使用目的] 店舗／飲食
[所在地] 福岡県太宰府市宰府3-2-43
[大きさ] 210㎡、地上1階
[施工会社] 松本組
[受賞歴] 2012年グッドデザイン賞

一度は訪れてみたい木の温もりのある店舗

太宰府天満宮の表参道に面し、三の鳥居の近くに位置する。間口が狭く奥行きのある店内の壁と天井は、斜めに組まれた木材に覆われ、建物もこの構造で支えられている。木の温もりが感じられる素敵な内装で、スタバ好きなら一度は訪れてみたい店舗だろう。

Xの形をした木組みは、長さ1・3〜4メートル、太さ6センチのヒノキの角材で構成されており、使われたヒノキ材の総数はなんと2000本。その総延長は4キロにも及ぶ。

お参りした後で、ここで飲むコーヒーはまた格別だ。

2012.3

独立した各階層が
微妙にずれた不思議な構造

浅草文化観光センター

月夜の横断歩道と木のストライプの共演。

テラスから見下ろせる浅草を行き交う人の姿

観光案内所、会議室、多目的ホールなどが入った観光案内施設。雷門通りを挟んで浅草寺雷門の向かいに建つ。日が沈むと無料の屋上テラスから、スカイツリーや浅草寺や仲見世通りの夜景が楽しめる。

高さ約40メートルの建物の外観は、各階にある片流れ屋根と間隔の空いた杉材のルーバーが印象的だ。もちろんこれらはデザインとしてだけではなく、日差しを防ぐ実用的な役割も担っている。

よく見ると各階が独立して積み重なっており、微妙にずれている。建物自体は8階だが、下から3つめの層が建物内で3階と4階に分かれており、外観は7つの層で構成されている。難しい構造計算・設備設計の賜物である。

隈の視点

浅草という土地に残る界隈性の立体化、垂直化を試みた。それぞれのフロアには、勾配のついた屋根と天井、木製のルーバーが付加され、昔ながらの木造の家にいるような、安らぎ、くつろぎを得ることができる。屋根と上階の床との間の空間は設備のための空間として有効利用され、天井の高さを最大化するのにも貢献した。

data

[竣工] 2012年3月
[竣工時の隈氏の年齢] 57歳
[竣工時の使用目的] 店舗／飲食 | 文化施設
[所在地] 東京都台東区雷門2丁目18番9号
[大きさ] 2,159㎡、地上8階・地下1階
[施工会社] フジタ・大雄特定建設工事共同企業体
[受賞歴] 2012年グッドデザイン賞

隈語録／日本の基本形は、10.5センチの小径木文化

2012.3

地元産の杉材を
市松模様として市の施設に

アオーレ長岡

隈の視点

中心部には屋根付きのナカドマと呼ばれる中庭を配置し、取り囲む市役所、アリーナ、多目的ルームでの活動が、この中庭に溢れ出るような計画とした。ナカドマは、通常の市役所では考えられないほどの多くの市民で朝から夜までにぎわっている。

全体が見渡せるように円形すり鉢状の形状をしている市議会議場。施設の至る場所で見られる市松模様には、「行政と市民の活動が市松模様のように交ざり合う」というコンセプトが表現されている。

ナカドマを中心とした集いと出会いの拠点

長岡の花火で有名な新潟県長岡市にある複合交流施設。市役所本庁舎、市議会議場、市民交流ホールなどが入っている。愛称の「アオーレ」は長岡弁で「会いましょう」を意味し、一般公募により名付けられた。外装と内装には、地元の素材である越後杉、雪さらしの和紙、栃尾(とちお)ツムギを使用している。

施設の中心には「ナカドマ」と称される屋根付きの広場が設けられており、誰でも自由に立ち寄ることができる憩いの場として開放されている。天井からはやわらかい光が降り注ぎ、壁面や屋根に用いられた間伐材による「市松模様」とのコントラストが見

事に調和する。

市議会議場は当初、旧市庁舎と同じように最上階に設ける計画だった。しかし、隈さんは大勢の人からの反対を押し切って1階のナカドマに面する位置に配置し、議会の様子を誰でも外から見学できるようにした。〝中土間〟を中心とした「人が集う、出会いが生まれる交流の拠点」の実現を図っている。

data

［竣工］2012 年 3 月
［竣工時の隈氏の年齢］57 歳
［竣工時の使用目的］ホール | 公共施設
［所在地］新潟県長岡市大手通 1 丁目 4 番地 10
［大きさ］35,529㎡、地上 4 階・地下 1 階
［施工会社］大成・福田・中越・池田
シティホール建築工事特定共同企業体
［受賞歴］第 15 回公共建築賞
行政施設部門国土交通大臣表彰、
第 55 回 BCS 賞、2014 年日本建築学会賞、
第 14 回日本免震構造協会賞作品賞、
バリアフリー・ユニバーサルデザイン
推進功労者内閣府特命担当大臣奨励賞、
2012 年グッドデザイン賞、
JABMEE 環境設備優秀賞、
第 25 回日経ニューオフィス賞
地域ブロック別ニューオフィス奨励賞、
平成 24 年照明普及賞

隈
語録

多様で雑多な経験を積むことが建築家にとって重要

2012.5

JPタワーKITTE

1階フロアまで光を取り込む ガラスの天井

隈の視点

日本のモダニズムのパイオニア・吉田鉄郎の設計による東京中央郵便局の一部を保存し、商業施設へとリノベーションするプロジェクトのデザインを担当した。吉田鉄郎は、八角形の断面の柱を多用し、RC造のラーメン構造（柱と梁で建物を支える構造。「ラーメン：Rahmen」はドイツ語で、枠、骨組みなどの意）に繊細な線の表情を与えることに成功した。新たなデザインもまた、八角形の柱の形状をトレースしたメタルチェーンの「光の柱」、細い線のパターンをガラスにプリントした手すりなどを用いて、吉田のモダニズムに対し、線の繊細さを追加した。

data

［竣工］2012年5月
［竣工時の隈氏の年齢］57歳
［竣工時の使用目的］商業
［所在地］東京都千代田区丸の内二丁目7番2号
［大きさ］212,043㎡、地上38階・地下4階
［施工会社］大成建設

天井と同じ光景を映す 吹き抜け空間の壁面

東京駅の目の前、丸の内のオフィス街に建つ超高層ビル「JPタワー」。その低層

低層棟である KITTE は、1931 年竣工の東京中央郵便局局舎の独自の形状の梁を持つ構造躯体が活かされている。

棟にあたる白い建物「KITTE」は、もともと東京中央郵便局だった局舎を一部保存し利用している。

KITTE自体は7つのフロアで構成された地上6階・地下1階の複合商業施設だ。1階から中に入ると、ガラスに覆われた天井から自然光が降り注ぐ広大な吹き抜け空間が広がる。

この光を透過する屋根が設けられた建物内部のアトリウムに立って、壁側に目を向けると、そこにも天井と同じ光景が見える。じつは一部の壁に鏡が設置されており、天井を映し込んでいるという仕掛けだ。非日常を感じさせるこの不思議な空間に至ると、しばらくその場にとどまっていたくなるだろう。

隈
語録

僕は次の日には元気になっている

2012.10

九州芸文館

（本館&Annex2）

山並みをイメージした三角形の組み合わせ

夜のライトに照らされ無機質ながらも幻想的

九州新幹線の筑後船小屋駅のすぐそばに位置している九州芸文館は、芸術文化・体験・交流を活動の柱に掲げた「地域とともに歩む芸術文化交流施設」である。約200ヘクタールもの広大な敷地を誇る筑後広域公園の中にあり、本館、Annex1、Annex2といった施設で構成される。ちなみに、筑後船小屋駅は全国初の

池に映り込ませることで、もうひとつの芸文館を表現した。

data

［竣工］2012年10月（本館）／2014年4月（Annex2）
［竣工時の隈氏の年齢］58歳（本館）／60歳（Annex2）
［竣工時の使用目的］文化施設
［所在地］福岡県筑後市大字津島1131
［大きさ］3,657㎡、地上2階（本館）／165㎡、地上1階（Annex2）
［施工会社］鹿島共同企業体（本館）／池田建設（Annex2）
［受賞歴］第一回福岡県木造・木質化建築賞（Annex2）

公園内にある駅として知られている。

本館では伝統工芸や芸術文化などを体験・学習できる。建物はいくつもの三角形が組み合わされており、筑後の山並みをイメージしている。壁面は石張りで、四角い石をひとつひとつランダムに角度を変えて張り付けている。夜のライトに照らされたグレーの建物は、無機質ながらも近未来を想起させる幻想的な雰囲気をまとっていた。

Annex2は陶芸の教室・工房だ。建物を遠くから見ると古代遺跡のようにも見え、近くから見上げると鳥が飛んでいるようにも見える。不思議な存在感のあるこの建物には、地元・福岡の八女杉が使われている。

雲の切れ間から漏れる朝日に照らされたAnnex2は、イギリスのストーンヘンジにも似て神秘的。

壁面の四角い石張りはガタガタと不規則に並べられ、建物の冷然とした印象を幾分やわらげてくれる。

八女杉でできた三角形の梁の影は、まるで飛んでいる鳥のように見える。

隈の視点

本館は、周辺に散在する勾配屋根の木造住宅との調和を目的として、屋根に多様な素材をマッピングし、集落の持つ多様性、複合性に近付こうと試みている。Annex2では、小さな三角形をした杉の集成材の板（長辺2.5メートル、重さ20キロ）が組み合わされている。切り込みを入れたこの三角形の断片は、アミダクジ状のジオメトリ（建物を構成する幾何学のこと）に従って、持ち送りの原理で次々に拡張されていき、クラウド状の屋根がつくられる。この屋根は、ランダムでアドホックに立てられた壁柱、柱によって支えられ、屋根の下には、市民のためのワークショップにふさわしいヒューマンな空間が生成される。

隈語録

斜めの美学が建築と大地をつなげる

2013.2

オリーブベイホテル

東側と西側で まったく別の表情を見せる壁面

美しい海岸線に沿って ひっそりと佇む建物

長崎県西彼杵半島の西方に位置する大島は、大島造船所と糖度の高い大島トマト、美しい海岸線で知られる。静かなこの島の入江にひっそりと佇む建物が、リゾートホテルのオリーブベイホテルだ。客室32室すべてが全面ガラスの窓で、どの部屋からも深い碧を湛えた海を望める。もと

もとは1983年に大島造船所のお客様を迎えるホテルとして開業し、その30年後に現在のホテル名に改称してリニューアルオープンした。

玄関側の壁面は自然素材の石を使用した縦ストライプで構成されており、開口の大きい窓を有する反対側のすっきりとした壁面とは対照的だ。写真だけだと別の建物のように勘違いしそうである。ひとつの建物でふたつの顔を表現しているといえるだろう。

隈の視点

目の前の美しい湾を目にしたとき、建物全体をこの海の神様と僕らをつなぐ鳥居のようなものにしたいと思い付いた。そのために大きな孔を開け、その孔によって建築が大自然の前のひとつの鳥居になるのである。

日没後、部屋にあかりが灯ると玄関側の壁面のストライプが際立つ。

data
[竣工] 2013年2月
[竣工時の隈氏の年齢] 58歳
[竣工時の使用目的] 宿泊・娯楽
[所在地] 長崎県西海市大島町1577-8
[大きさ] 2,315㎡、地上6階
[施工会社] 鹿島建設

隈語録 ／ 同じことを繰り返すことをしない

2013.12

木組みの格子に覆われた森のような空間

サニーヒルズジャパン

閑静な街に突然現れる地獄組みのヒノキの森

根津美術館から北へ5〜6分歩くと、南青山の閑静な街並みに摩訶不思議な建物が突然姿を現す。木の枝のように細いヒノキの角材に覆われたその威容は、〝隈建築の極み〟ともいえるだろう。「都会の中に森をつくってほしい」という挑戦だ。

このヒノキの格子は「地獄組み」という日本の家具や建具に用いられてきた伝統的な技法で組まれている。釘や接着剤を使わずにほぞなどを利用する木の組み方の一種で、一度組んだら二度と外れないことからこのように呼ばれる。職人による技の結晶だ。

サニーヒルズは台湾の伝統菓子・鳳梨酥（パイナップルケーキ）の専門店。店内では格子越しのやわらかな〝木漏れ日〟を背中に受けながら、お菓子選びを楽しめる。

隈の視点

日本の職人が伝えてきた「地獄組み」という名のジョイントシステムを用いて、森のような、雲のようなやわらかで温かくヒューマンな空間を創造した。三次元の構造システムの採用によって、ひとつの部材の断面寸法は60ミリ×60ミリにまで細かくすることが可能となった。

data

［竣工］2013年12月
［竣工時の隈氏の年齢］59歳
［竣工時の使用目的］商業
［所在地］東京都港区南青山3-10-20
［大きさ］293㎡、地上2階・地下1階
［施工会社］佐藤秀
［受賞歴］みなとモデル二酸化炭素固定認証制度表彰第1回最優秀賞

architecture column

「木組み」について
木組み博物館館長・谷川一雄氏のお話

私は約40年間、数寄屋建築や社寺建築など、日本の伝統的な木造建築の施工管理を行ってきました。

木組みは、釘などを使わずに木と木を強固に組み合わせる日本が世界に誇る技術です。その歴史は富山県小矢部市の桜町遺跡から出土した高床建物の柱材によって、4000年前の縄文時代にまで遡ることができます。木組みの技法は多種多様で、国宝や重要文化財の木造建築の修理工事報告書から1300～1400種類が確認されており、それ以外も含めると4000種類程度存在しているといわれています。

木組みを用いた木造建築では大量の図面が必要とされます。例えば、私が過去に携わった東京都新宿区西早稲田にある穴八幡宮の楼門は、部材総数が4500もあり、それに合わせて木組み図や屋根の曲線を表す現寸図が描かれました。

サニーヒルズの地獄組みは、同じように見えてもたくさんの異なる組み方が用いられているため、数えきれないほどの図面を描いたと聞いています。CADや3Dソフトを使ったであろうとはいえ、気の遠くなる作業だったと思います。

木組み博物館

木組みを中心に左官、漆などの伝統技術や素材、道具などを紹介し、日本の伝統木造建築の技術を伝える博物館。

所在地：東京都新宿区西早稲田 2-3-26 ホールエイト3階
ホームページ：https://www.kigumi.tokyo/

ポーズを決める隈さんは高身長で183センチ。学生時代はバスケの選手だった。

隈語録

気を抜くといい作品にならないから、小さい建築でも緊張感を持っている

2015.3

「ガラスの美術館」らしい
ガラスの素材のパネル

Toyama
キラリ

南からの自然光を有効に分配する斜めのヴォイドを中心にレイアウトした。このヴォイドを取り囲むように、地元産の杉の無垢材の板を配置することで、地域コミュニティのコアにふさわしい、やわらかく、温かい空気感をつくりだしている。ミュージアムと図書館はヴォイドを媒介としてひとつに融け合い、従来の公共建築の堅いイメージを一掃することができた。

隈の視点

日が沈むと、館内から漏れる光、壁面のパネルデザイン、横断歩道が調和して、ひとつのアートを生みだす。

data

[竣工] 2015年3月
[竣工時の隈氏の年齢] 60歳
[竣工時の使用目的] オフィス | 交流 | 店舗／飲食 | 文化施設
[所在地] A棟／富山県富山市西町5番1号、B棟／富山県富山市太田口通り1丁目2番7号
[大きさ] 26,792㎡、地上10階・地下1階
[施工会社] 清水建設・佐藤工業共同企業体
[受賞歴] 第58回BCS賞

2015.3

Toyamaキラリ

富山産の杉が取り囲み
自然光が降り注ぐ室内

「Toyamaキラリ」は、富山市ガラス美術館、富山市立図書館、富山第一銀行などが入った複合ビルだ。

「越中富山の薬売り」で知られる富山県では、明治時代から戦前にかけて、薬に関連してガラスの薬瓶が盛んに製造されていた。戦後は衰退していたこのガラス産業を復活

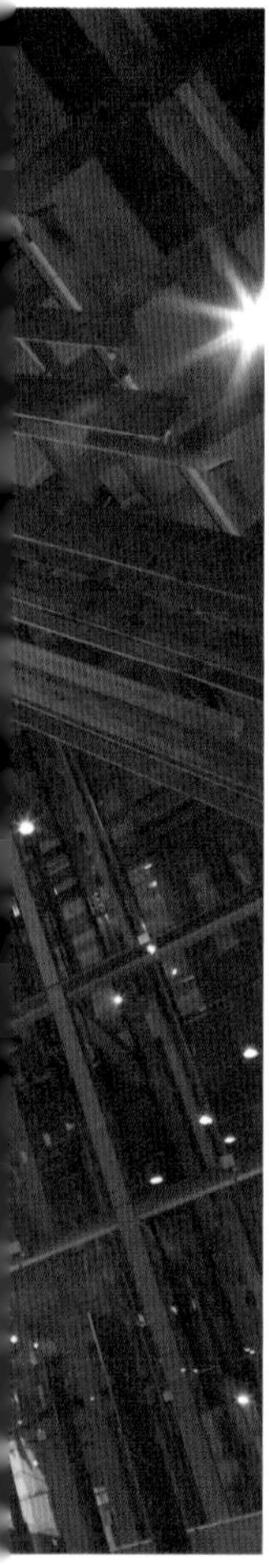

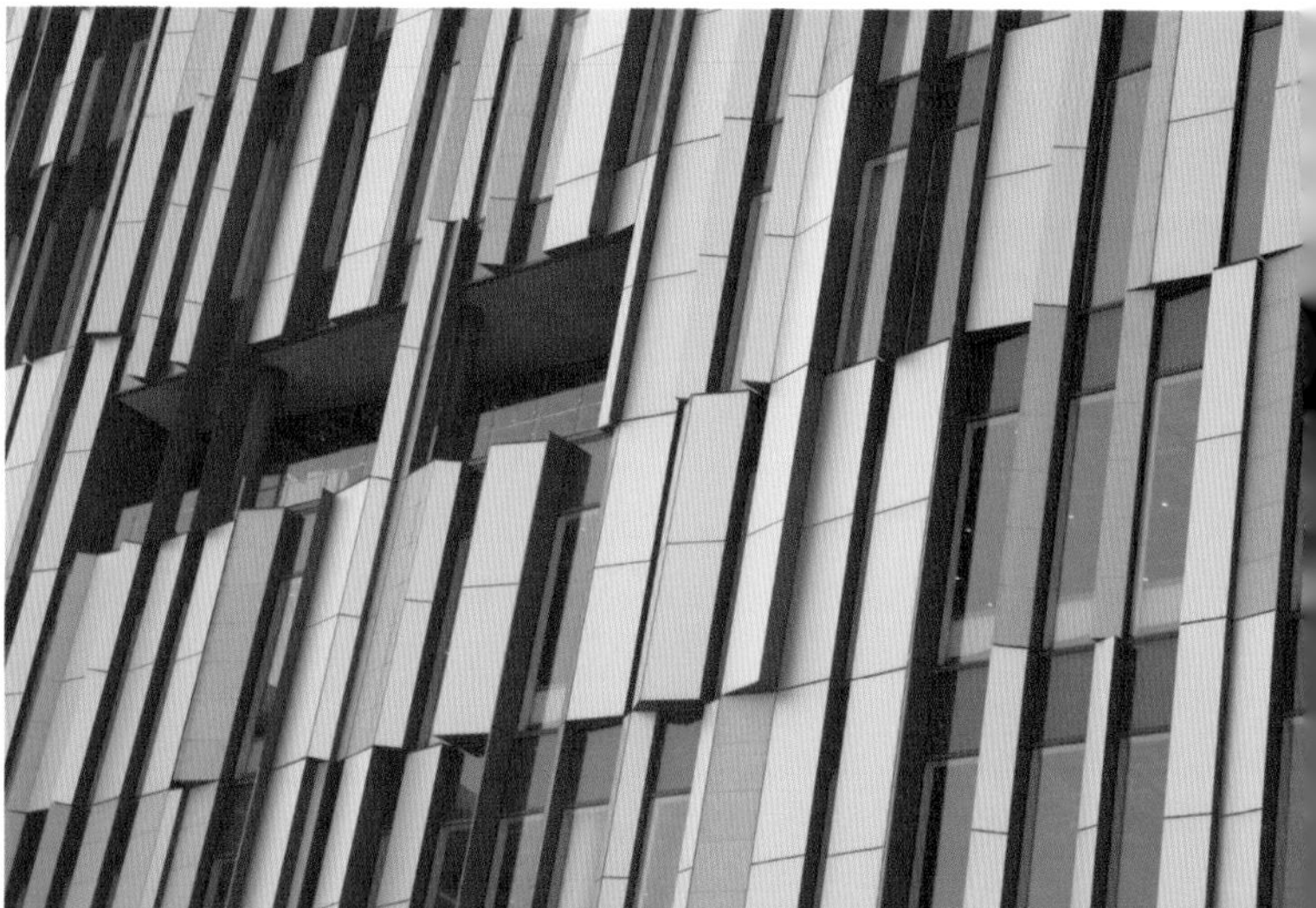

外壁のパネルがキラリと輝く。

太陽電池パネルは、壁面に418枚、屋上に96枚、合計で514枚が設置され、稼働している。

させるため、1980年代半ばから「ガラスの街とやま」を掲げた街づくりを行い、その集大成としてガラス美術館を開館させた。

建物の北側と東側の外壁には、アルミ、ガラス、白御影石でできた縦に長細いパネルをさまざまな角度で配置し、立山連峰の氷の岩脈のようなキラキラとした光の反射をつくりだしている。南側の外壁には屋上とともに太陽電池パネルがランダムに配置されている。

建物内は2階から6階までが吹き抜けによるヴォイド（Void、吹き抜けなどの何もない空間）で構成され、南に傾いたガラスの天窓からは自然光が降り注ぐ。この吹き抜けを富山県産の杉が取り囲んでいる。

建物内は、杉の無垢材が鍵盤のようにアレンジされ、天窓からの光とともに音を紡いでいるかのようだ。

隈
語録

ガラスによって内と外を区別するのではなく、内でも外でもない場所をつくる

2015.4

京王高尾山口駅

生き物が大きな口を開けているかのような
ダイナミックな大屋根

data

［竣工］2015 年 4 月
［竣工時の隈氏の年齢］60 歳
［竣工時の使用目的］公共施設
［所在地］東京都八王子市高尾町 2241
［大きさ］173㎡、地上 1 階
［施工会社］京王建設
［受賞歴］八王子市屋外広告物賞奨励賞、一般社団法人鉄道建築協会賞入選、2016 年グッドデザイン賞、2015 Best Accoya® Cladding Project

薬王院の屋根を参考に高尾山の魅力を表現

世界一登山者数の多い高尾山への最寄り駅。高尾山には天狗を祀る高尾山薬王院があり、修験道の山としても知られる。

駅舎は、地元である多摩地方の杉材を用いて、三角形がダイナミックに組み合わされている。薬王院の屋根をイメージしたという改札口の大屋根は、大きな口を開けた生き物のようで迫力満点だ。隈さん曰く「高尾山にふさわしい杉材を使い高尾山の魅力を表現した」とのこと。木の温もりと心地よさが感じられる隈さんらしい作品だ。

光の演出により大屋根の迫力がさらに際立つ。

隈
語録

大人になっちゃうと、システムのなかで仕事をするから、挑戦するのを嫌がります

ホームから改札口までは、杉材に彩られた天井と壁の通路をくぐり抜けていく。

隈の視点

木でできた大屋根を用いて、全面的に改修した。大屋根は、日常の世界と聖地との結界であり、鉄道という近代のインフラと、大自然との間のボーダーとしても機能している。駅のホームもリ・デザインし、高尾山の行灯からヒントを得た照明器具から発する温かな光が乗客を別世界へと導く。

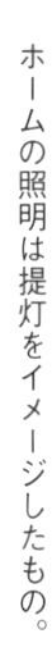

ホームの照明は提灯をイメージしたもの。

隈研吾
61−64歳の仕事

KUMA KENGO's works
from the age of 61 to 64

2015.8−2019.7

Chapter 4

2015.12

飯山市文化交流館 なちゅら

三角形をパズルのように組み合わせた存在感のある外観

LEDライトによって昼と夜で表情を変える

2015年開業の北陸新幹線飯山駅の駅前に建つ多目的複合施設。施設内には音響効果に優れた大小のホールと地域交流施設があり、それぞれは「ナカミチ」と名付けら

data

［竣工］2015年12月
［竣工時の隈氏の年齢］61歳
［竣工時の使用目的］ホール｜交流｜公共施設｜文化施設
［所在地］長野県飯山市大字飯山 1370-1
［大きさ］3,888㎡、地上3階
［施工会社］清水建設
［受賞歴］第50回日本サインデザイン賞公共サイン部門日本サインデザイン賞、第50回日本サインデザイン賞関東地区日本サインデザイン賞

れたロビーでつながれている。

建物の天井と外壁には、長野県産のカラマツと建物の腐食を防ぐためのコールテン鋼（耐候性鋼。保護性サビを意図的に生成させることで、鋼本体のサビを抑制する）が用いられており、三角形がパズルのように組み合わされたその外観は、一度見たら忘れられない存在感だ。

夜にはLEDライトに照らされて昼とは違う顔を見せるのも、この建物の魅力のひとつといえる。

ライトアップによって長野県産のカラマツの美しさがさらに引き立つ。

大ホールの客席は可動して収納できるので、ホールを平土間のように利用することも可能だ。

隈の視点

ナカミチは、雪国地域の「雁木（がんぎ）」と呼ばれる屋根付きアーケードをヒントとした。ナカミチの屋根は鉄と木の混構造のフレームによって支えられ、地元の木材、土を想起させる湿り気のあるやわらかな床、地元の和紙で構成された空間は、ハコモノと呼ばれた従来の公共空間とは対照的な、温かな空気感が漂っている。コールテン鋼とカラマツのファサード（建築物の正面）によって覆われた小山のような全体形は、緑の裏山と一体となって、新幹線の乾いた抽象性とのコントラストをつくった。

隈語録

丹下さんのコンクリートと鉄に対しては、木で対抗しました

2016.4

午後には黄金の光で満たされる
聖なる空間

森の光教会

森の中にあるような
メルヘンチックな教会

ＪＲ高崎駅からほど近い結婚式場・エテルナ高崎に併設された独立型のチャペル。

周囲の四角い建物のなかで、天を目指すかのようにそびえ立つ三角形の外観はひときわ異彩を放つ。建物内部も三角形で構成されており、教会の小さな窓から差し込む一筋の光は神聖な輝きのようにも見える。

庭には森をイメージした木々が植えてあり、その建物の構造も相まって、まるでおとぎ話のような光景を体感できるだろう。

data

［竣工］2016 年 4 月
［竣工時の隈氏の年齢］61 歳
［竣工時の使用目的］式場
［所在地］群馬県高崎市栄町 27-21
［大きさ］1,644㎡、地上 1 階
［施工会社］冬木工業

隈の視点

空を突き刺すような木のチャペルをデザインした。木のプランクで構成された面を5枚組み合わせて、その隙間から光を採り入れることにより、都市の中に木の温かい質感を持つ、聖なる空間を創造した。室内の光は、時計のように時々刻々と変化し、午後には水盤で反射された光が西側の壁面を照らし上げ、黄金の光で室内は満たされる。

隈語録

森のような建築物をつくり、森の中に溶け込ませたい

日没後にあかりが灯ると木組みがはっきりと浮かび上がる。

2017・9

巨樹のような画期的な積層構造を実現

COEDA HOUSE
（コエダハウス）

data

［竣工］2017年9月
［竣工時の隈氏の年齢］63歳
［竣工時の使用目的］店舗／飲食
［所在地］静岡県熱海市上多賀1027-8
［大きさ］173㎡、地上1階
［施工会社］桐山

小さな枝が大木を形成 相模湾を望むカフェ

建物の中央には約1500本ものアラスカヒノキの角材が49層も積み上げられ、屋根を支えている。さながら巨樹の太い幹から枝が広がっているかのようだ。この積層構造は、放射状に配置されたカーボンファイバーロッド（炭素繊維の棒）で角材を補強することにより、実現した。

日が傾き始めて建物にあかりが灯ると、「青い海と赤い「木組みのツリー」のコントラストに目が奪われる。

熱海の庭園・ACAO FOREST（アカオ・フォレスト）内に建つカフェ。海辺に広がり、約20万坪もの広大な敷地を有するこの庭園では、4000株のバラやハーブと四季の花々が楽しめる。

コエダハウスは相模湾を眼下に見る高台に建っている。四方がガラス張りのため、お茶をしながら建物内のどこからでも相模湾を一望できる。

隈の視点

8センチ角の棒状のアラスカヒノキをランダムに組み合わせて、1本の巨大な樹木のような建築をつくった。鉄の7倍の引っ張り強度を持つカーボンファイバーロッドによる補強で、大きく枝を張り出した形が実現でき、地震時の揺れを抑えることも可能となった。この樹木状の構造により、景観の妨げとなる外周部ともいわれる柱を消すことができた。

隈語録

構造とデザインは対立するところがあるから面白い

2017.10

廃棄自転車を活用した
都市型のリサイクル

ハモニカ横丁ミタカ

data

[竣工] 2017年10月
[竣工時の隈氏の年齢] 63歳
[竣工時の使用目的] 内装 | 店舗／飲食
[所在地] 東京都武蔵野市中町1丁目5-8
[大きさ] ──
[施工会社] 滝新

隈の視点

吉祥寺のハーモニカ横丁がまとっている戦後の焼け跡的な空気感の継承に挑戦するため、スポークの廃材でファサードとインテリアを覆い尽くし、テーブルやチェアもスポークでつくり、空間のすべてがスポークという粒子で構成された状態を目指した。スポークは、テンション（張力）だけを用いて車軸と外側のリングをつなぐという緊張感に満ちた極限の構造体であり、その緊張感は僕らがしばしば用いるテンセグリティの構造（引っ張る力と戻る力がバランスを取ることで安定し、自立する構造）に通じると感じた。

退廃的な世界観が生む混沌としたエネルギー

JR三鷹駅から北へ徒歩3分の路地裏に、自転車のスポークにまみれた謎のビルが忽然と姿を現す。このビルの1階が、いくつかの飲食店が集まった「ハモニカ横丁 ミタカ」で、2017年に隈さんがリニューアルを手掛けた。300組もの自転車のスポークの廃材を利用したというから驚かずにいられない。退廃的な近未来の世界観の中に混沌としたエネルギッシュさを感じさせる。

なお、2023年3月からは外観はほぼそのままに、ハモニカ横丁ミタカ「ASIANSアジアの小さな百貨店」として再リニューアルしている。

隈語録／ 小さな仕事でも断らないで、やり遂げる

2018.1

東京スカイツリーを仰ぐ力強いデザインのファサード

「現し」の効果により開放感のある建物内部

東京スカイツリーを中心として新しく開発されつつも、江戸時代からの風情も残っている街・押上。「One@Tokyo」は、そんな押上に建つシティホテルだ。

ホテルの正面では、まるでダンスしているかのような力強いデザインの木組みがお迎えをしてくれる。インテリアにもこだわっており、現し(あらわし)(梁や柱などの構造体を露出させた仕上げのこと)によって配管などが剥き出しになった天井は開放感があり、ロビーカフェには木の温もりを感じさせる15メートルもの長さのカウンターが設置されている。

One@Tokyo

data

［竣工］2018年1月
［竣工時の隈氏の年齢］63歳
［竣工時の使用目的］宿泊・娯楽｜店舗／飲食
［所在地］東京都墨田区押上1-19-3
［大きさ］3,741㎡、地上10階
［施工会社］東日本都市開発

隈の視点

押上はもともと、軽工業を中心とする活気ある下町だった。押出セメント板と木の板を組み合わせたファサードは、町工場の立ち並ぶヒューマンでブルータルな下町を想起させ、現しの天井と構造用合板を組み合わせたインテリアは、従来のシティホテルの「お上品」なイメージにかわる、下町的な空気感を生みだしている。

隈
語録

木造は時とともにいい味を出す。人間と同じように

2018.2

富岡市役所

富岡に伝わる「越屋根」で光と風を取り込む

世界遺産の街の役所は昔の建築様式を踏襲

上州電鉄の上州富岡駅から南西に歩いてすぐの場所にある富岡市役所。世界遺産として有名な富岡製糸場は、この市役所から南に徒歩約10分の場所に位置している。

市庁舎は行政棟と議会棟の2棟に分かれ、それぞれ3階建ての吹き抜けのため、エントランスホールに「越屋根(こしやね)」

からの光が差し、風が吹き込む。越屋根は富岡の養蚕農家で見られた建築様式で、採光や換気のために屋根の上に付けられた小さい屋根を指す。

　また、大きく張り出した屋根の庇（ひさし）と、富岡産の木材を用いたルーバーの効果で、熱負荷が軽減されている。

隈の視点

鉄道の駅前、富岡製糸場へ向かう経路上にある立地を活かし、分棟型で棟と棟の間を通り抜けできる、ストリートのような公共建築を実現した。大きく張り出した庇は、日除けや雨やどりの空間としてストリートにやわらかさと躍動感を与えている。外装に表裏で素材の異なるアルミと木をハイブリッドにしたルーバーを使用しているので、行き交う人々はファサードの多様な質感とリズムを楽しめる。

左が議会棟、右が行政棟で、延床面積はそれぞれ約２４００平方メートルと約６１００平方メートル。

data

［竣工］2018 年 2 月
［竣工時の隈氏の年齢］63 歳
［竣工時の使用目的］公共施設
［所在地］群馬県富岡市富岡 1460-1
［大きさ］8,681㎡、地上 3 階
［施工会社］タルヤ・岩井・佐藤
H27.28.29 年度富岡市新庁舎建設工事共同企業体

隈語録

すべての境を消そうと思ってやっているのが僕の建築

2018.3

湯の駅おおゆ

秋田の曲げわっぱにヒントを得て
木のリングでつくった構造壁

鹿角の道の駅の建物は木造屋根の長細い平屋

秋田県鹿角市の大湯温泉は約８００年の歴史があり、江戸時代は南部藩の保養地だった。この地にある道の駅が「道の駅おおゆ」だ。広々とした敷地には、ショップやカフェが入る「湯の駅おおゆ」、朝市が開かれる「大湯えんがわ市」、野外ステージといった建物のほか、足湯などが設けられている。

湯の駅おおゆの建物は、大きな木造屋根を有する長細い平屋で、屋内には複数の木のリングで構成された〝壁〟がいくつも設置されている。直径50センチのこのリングはＬＶＬ（単板積層材）という木の素材でできており、大根の桂剥きの要領で木の板を薄く削りだし、その薄い板を金属の円柱に何層も重ねて巻くことでつくられた。この技術でさまざまな直径や長さの円筒をつくりだせるため、最近では構造用の柱の型枠に多く使われるようになっている。

上／東西に長細い「湯の駅おおゆ」。芝生の緑と空の青が映える。下／イベントが行われる野外ステージ。この設計も隈さんの手による。

隈の視点

秋田の伝統工芸として知られる「曲げわっぱ」にヒントを得て、リング状のLVL（Laminated Veneer Lumber）を構造体として用いた。このリングの集合した透明な構造壁は、パーティションとしても棚としても機能する。これにより木造の大屋根の下に、プログラムに応じて変化する流動的空間を生成することができた。

data

［竣工］2018年3月
［竣工時の隈氏の年齢］63歳
［竣工時の使用目的］商業
［所在地］秋田県鹿角市十和田大湯字中谷地19
［大きさ］1,026㎡、地上1階
［施工会社］児玉設備工業、石川組、奥村電気工事
［受賞歴］第2回ウッドファーストあきた木造・木質化建築賞、2019年度日本サインデザイン賞

隈語録／小さな建築こそが地方を再生する

2018.9

法隆寺夢殿を敬った富士山に相対する八角形

日本平夢テラス

静岡の絶景パノラマを360度望める施設

標高307メートルの丘陵地・日本平の山頂に建つ八角形の展望施設で、屋外には1周約200メートルの展望回廊を備えている。富士山をはじめ、駿河湾、伊豆半島、南アルプスなど、目の前に広がる絶景パノラマを360

度どこからでも望むことができる。

八角形の構造は、世界遺産である法隆寺の夢殿からヒントを得たという。天井を見上げると16等分された複雑な組み合わせの梁を目にすることができる。

ここからの夕暮れを眺めていると、流れる時も止まって感じる。

data

［竣工］2018 年 9 月
［竣工時の隈氏の年齢］64 歳
［竣工時の使用目的］交流
［所在地］静岡県静岡市清水区草薙 600-1
［大きさ］964㎡、地上 3 階
［施工会社］木内建設、
東海電気工業所、旭産業
［受賞歴］第 36 回静岡県建設業協会
建設もの創り大賞最優秀賞（建築部門）

隈の視点

東西南北という直交軸をベースにしながら、そこに斜線を持ち込むことによって、いかなる方向にも拡張できる自由さを獲得したのが、八角形というジオメトリ（幾何学）である。このジオメトリによって、富士山への正面性と、空中を回遊できる自由さとを両立させることができた。地元静岡県産のヒノキ材を使って、このユニークなジオメトリに木の枝のような複雑性を与え、外の富士山と呼応する森のようなインテリアを創造した。

隈語録

人間の生きる時間スケールは、大地のタイムスケールよりはるかに小さい

2018.10

雲の上の図書館／YURURIゆすはら

屋根を支える力を分散させる木組みの構造

洗礼された雰囲気の黒と杉のコントラスト

高知県の梼原町には、雲の上のホテル、梼原町総合庁舎、まちの駅「ゆすはら」、雲の上のギャラリーと、この雲の上の図書館、YURURIゆすはらという隈さんが手掛けた6点の建築がある（雲の上のホテルは2024年2月時点で建て替え中）。いわば隈研吾建築のミュージアムといえる地だ。

町立の図書館である雲の上の図書館と、福祉施設のYURURIゆすはらの建物は一体化しており、屋根は

図書館の中では大人から子どもまで裸足になって木の床の温もりを感じ、ラウンジなどでは寝転んで本を読むことができる。

切妻で、梼原町の杉を用いた外壁は黒色と杉の色のコントラストによって洗練された雰囲気を醸しだしている。

　図書館に足を踏み入れると、高い天井から無数の杉の木組みがデザインされていた。これらは構造計算により、屋根にかかる力を支えて分散させているというから驚きだ。

隈の視点

体育館、こども園が芝生広場を挟んで向かい合い、多世代の交流するコミュニティのコアが生まれた。森の中の町・梼原にふさわしい、森のような空間、木漏れ日のふりそそぐ室内を、鉄と杉の混構造で実現した。フラットな床ではなく、起伏のある大地を作り、盛り上がった大地はステージともなって、さまざまなイベントに利用できる。

図書館と向かい合う福祉施設の内装には、梼原の木の皮を漉き込んだ和紙が多用されている。

data

［竣工］2018 年 10 月
［竣工時の隈氏の年齢］64 歳
［竣工時の使用目的］レジデンス | 公共施設 | 文化施設
［所在地］高知県高岡郡梼原町梼原 1444 番地 1
［大きさ］1,931㎡、地上 2 階・地下 1 階
［施工会社］斎久工業
［受賞歴］第 18 回公共建築賞・優秀賞、第三十七回日本図書館協会建築賞

隈語録

勝てると思って気を抜いてやると負ける

2018.10

三越日本橋本店 リニューアルプロジェクト

人が集まる屋内で
白く発光するアルミの樹冠

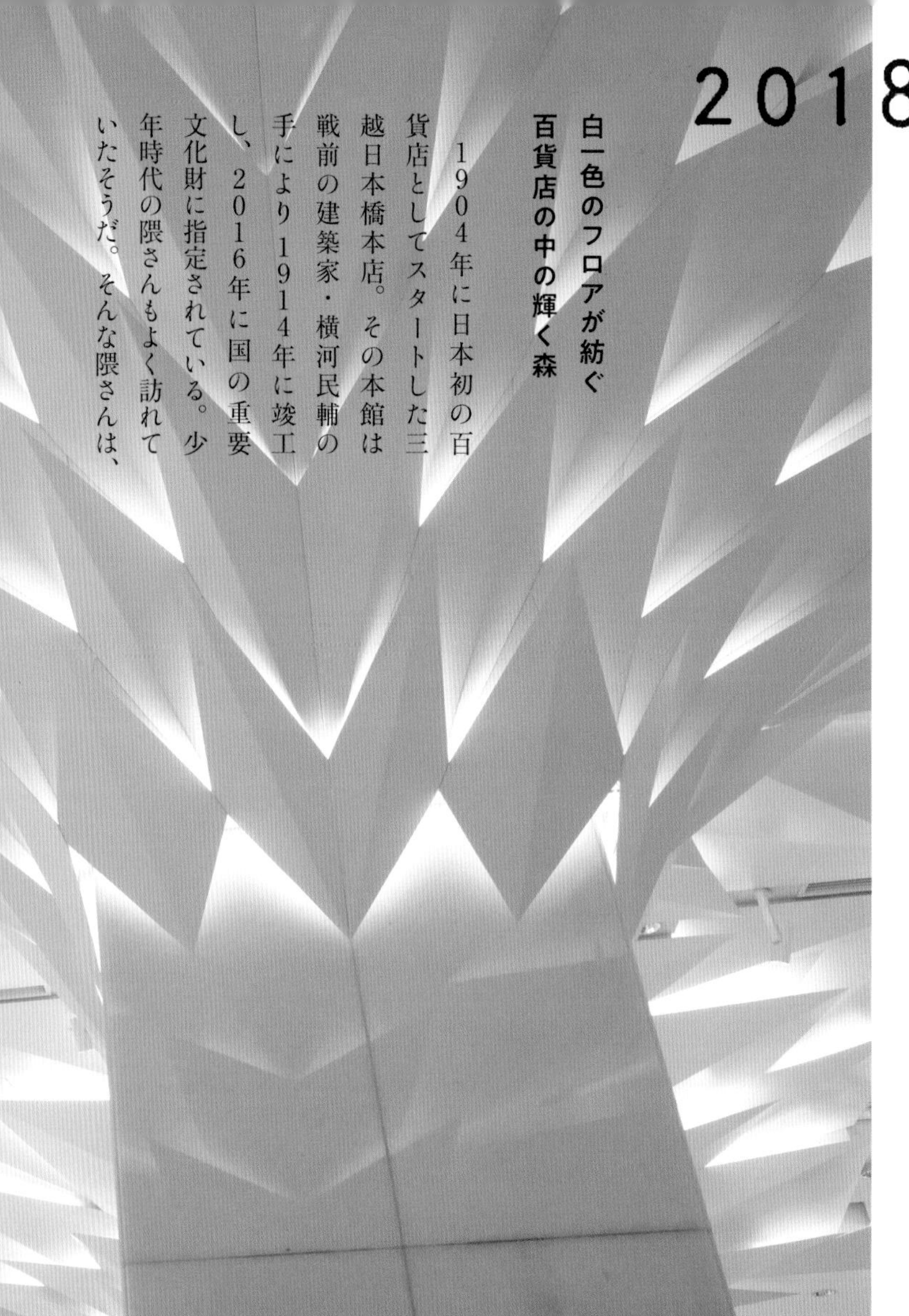

白一色のフロアが紡ぐ百貨店の中の輝く森

1904年に日本初の百貨店としてスタートした三越日本橋本店。その本館は戦前の建築家・横河民輔の手により1914年に竣工し、2016年に国の重要文化財に指定されている。少年時代の隈さんもよく訪れていたそうだ。そんな隈さんは、

2018年に化粧品や婦人雑貨、紳士雑貨を取り扱っている1階フロアのリニューアルを手掛けた。

「白く輝く森」をコンセプトにした清潔感のある白一色のフロアは、柱から天井まで菱形のアルミパネルが等間隔で連なる。さらに各パネルに取り付けられた照明が、木漏れ日に反射する木の葉のように菱形のパネルを浮かび上がらせる。本当に白い森の中にいると錯覚してしまいそうな空間だ。

柱の頂部に、3Dデータをもとにカットしたアルミパネルを異なる角度で取り付けて、「樹冠」をつくり、「樹冠」が連続することで、都市の中に森を創造した。パネル1枚にひとつずつ取り付けられたLED照明で、木漏れ日のような効果を獲得した。横河民輔設計の重要文化財が、輝きを取り戻し、東京の下町文化再生の拠点としてよみがえった。

隈の視点

data

[竣工] 2018年10月
[竣工時の隈氏の年齢] 64歳
[竣工時の使用目的] 内装 | 商業
[所在地] 東京都中央区日本橋室町1-4-1
[大きさ] —
[施工会社] 三越伊勢丹プロパティ・デザイン
[受賞歴] Award of Merit

隈語録

相手への感情移入能力が一番大切

2018.11

Starbucks Reserve® Roastery Tokyo

（スターバックス リザーブ® ロースタリー東京）

各階にテラスを設けた重層的な都会の盆栽

コーヒーを飲みながら目黒川沿いの桜を鑑賞

中目黒にあるスターバックスコーヒー。焙煎設備を併設し、その様子を見学できる。2024年2月の時点で焙煎設備のあるこの業態のスタバ（Starbucks Reserve® Roastery）は、世界でもシアトル、上海、ミラノ、ニューヨーク、シカゴと、この店舗を含めた6店しかない。

重層的な建物の各階の窓は開口が大きく取られており、軒には明るい色の杉が用いられている。その軒の下にはフロアごとにテラスが設けられ、約4キロにも及ぶ目黒川沿いの桜並木をテラスから見下ろすことができる。建物の西側にはアルミ製のプラントボックスがワイヤーで吊り下げられており、ファサードの主役となっている。

data

［竣工］2018 年 11 月
［竣工時の隈氏の年齢］64 歳
［竣工時の使用目的］
工場／工房 | 店舗／飲食
［所在地］東京都目黒区青葉台 2-19-23
［大きさ］3,187㎡、
地上 4 階・地下 1 階
［施工会社］鹿島建設

夜になるとその魅力は増す。

隈の視点

キャスクと呼ばれる高さ 17 メートルの巨大なコーヒー豆の焙煎機を中心に置いたスパイラル状の構成で、ストリートのアクティビティの立体化を試みた。この三次元の街路に沿って、ベーカリー、カクテルバー、ティーセクションなどの、従来のスターバックスとは異なる機能がはりつき、街路の多様性の立体化が実現した。テラスの軒を杉板による大和張りで仕上げ、五重塔のように重層させることで、垂直な壁で構成された従来の都市建築に代わる、陰影豊かな現代の盆栽を提案した。

隈語録／庇は人々をつなげる

2019.3

お茶の水女子大学 国際交流留学生プラザ

不規則にねじったアルミで建物をラッピング

隈の視点

大学のキャンパスの外周に立つ大木を避け、その間を縫うように建物を配置した結果、不定型の平面、断面形状が生まれ、その不規則な幾何学面を、アルミエキスパンドメタルをねじりながらラップした結果、この有機的な流れるようなファサードが生まれた。目の粗いエキスパンドメタル（メッシュ状の金属板）は、光の変化、季節の変化に応じて、多様な表情を呈し、あるときはソリッドに、またあるときは透明なものとして出現する。多国籍の研究者や学生の交流の場にふさわしい、両義的でやわらかな状態、すなわち霞や霧のような、自然現象的な建物が、森の中に生まれた。

キラキラ輝いていると絡みつく生き物のよう

東京メトロ丸ノ内線の茗荷谷駅から春日通りを池袋方面に5分ほど歩くと、ねじられたかのようなアルミの帯でラッピングされた建物を目にする。太陽の光を浴びて不規則にキラキラと輝く様子は、まるで生き物が絡みついてうごめいているようでもある。

国際交流留学生プラザは、愛称を「Hisao & Hiroko Taki Plaza」ともいい、飲食

店の情報提供を行うウェブサイト「ぐるなび」創業者の滝久雄・裕子夫妻の寄付によって建てられた国際交流の拠点施設だ。同様の施設（「Hisao & Hiroko Taki Plaza」）は、東京工業大学と東京藝術大学にもあり、いずれも隈さんが手掛けている（東工大の建物は2020年、東京藝大の建物は2022年に竣工）。

data

[竣工] 2019年3月
[竣工時の隈氏の年齢] 64歳
[竣工時の使用目的] ホール | 教育
[所在地] 東京都文京区大塚2-1-1
[大きさ] 2,335㎡、地上4階
[施工会社] 清水建設

隈語録

1日を通じた都市の環境の変化を眺めてる

2019.3

嵐山の竹から編んだ籠で地産地消を空間にも

koé donuts（コエ ドーナツ）

data

［竣工］2019 年 3 月
［竣工時の隈氏の年齢］64 歳
［竣工時の使用目的］内装 | 店舗／飲食
［所在地］京都府京都市中京区新京極通四条上ル中之町 557 番地
［大きさ］——
［施工会社］ボスコ

天井を覆うたくさんの竹籠がお店の雰囲気をより一層温かみのあるものにしてくれる。

隈の視点

京都の竹細工師「竹定商店」とコラボし、伝統的な六つ目編みの技術で作った竹籠を、特別に開発したフレキシブルジョイント（接手）で、下地に取り付けることで、自然の洞窟のようなランダムネス（規則性がない）を持つ竹の洞窟ができあがった。

「躯体現し」の店内に和の繊細さと気軽さを

京都の新京極商店街にある「オーガニック」「天然由来」「地産地消」をキーワードとしたドーナツ屋さん。隈さんは内装を手掛けた。

シンプルな躯体現し（くたいあらわ）の店内は、天井が572個もの竹籠で覆われている。「地産地消」の考え方を空間にも展開して「和の世界観」を創造したという。竹籠は嵐山の竹でつくられており、まさに〝地産地消〟だ。

「和の繊細さと、楽しさ、そしてカジュアルさを表現した」という、画期的で大胆なその発想に感服する。

隈語録／ 予算の少ない建築でも必ず小さな挑戦するテーマを探す

2019.4

町営レストランと道の駅をつなぐ木の羽板

さかい河岸レストラン 茶蔵

隈の視点

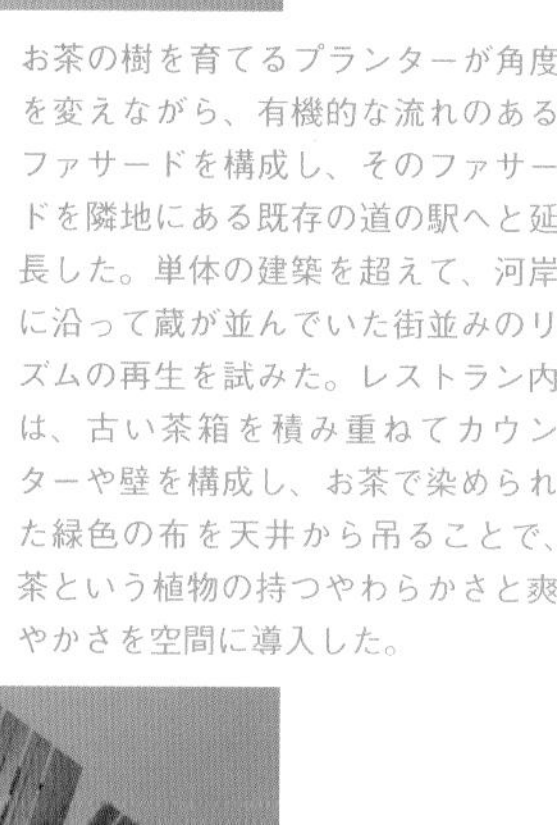

お茶の樹を育てるプランターが角度を変えながら、有機的な流れのあるファサードを構成し、そのファサードを隣地にある既存の道の駅へと延長した。単体の建築を超えて、河岸に沿って蔵が並んでいた街並みのリズムの再生を試みた。レストラン内は、古い茶箱を積み重ねてカウンターや壁を構成し、お茶で染められた緑色の布を天井から吊ることで、茶という植物の持つやわらかさと爽やかさを空間に導入した。

県道を走る車を照らす夜のルーバーの反射光

利根川河岸にある「道の駅さかい」に併設された「さかい河岸レストラン茶蔵」は、お茶をテーマにした町営のレストラン。境町を含む茨城県の南西部は猿島台地に育まれた「さしま茶」の産地でもある。

また、境町にはこの「レストラン 茶蔵」も含めて、隈さんが手掛けた建物が7点も存在している。道の駅さかいに併設するサンドイッチ専門

店「さかいサンド」（2018年）、特産品の研究・研究施設「境町S-Lab」（2020年）、「境町S-Gallery 粛粲寶美術館」（2020年）、「モンテネグロ会館」（2020年）、干し芋のカフェ「境町S-ブランド（HOSHIIMONO100 Café）」（2021年）、ウナギの加工施設「S-Lab4th（エスラボフォース）」（2024年）だ。

県道17号に面した茶蔵の窓には、茨城県産の杉材でできたルーバーが設置されている。道の駅と茶蔵とをつなぐ通路の天井から連続するこのルーバーは、夜に建物がライトアップされると温かみのある光を反射させ、県道を行き交う車を照らしている。

隈語録

相手の立場をよく理解することがいい建築をつくる

2019.4

走り去る車のライトの軌跡と共鳴し、まるで光の交響曲のよう。

店内の天井には、お茶で染められた布が吊るされている。

data

［竣工］2019 年 4 月
［竣工時の隈氏の年齢］64 歳
［竣工時の使用目的］店舗／飲食
［所在地］茨城県猿島郡境町 1341-1
［大きさ］877㎡、地上 2 階
［施工会社］中和建設
［受賞歴］2019 年度日本サインデザイン賞

隈研吾
65歳以降の仕事

KUMA KENGO's works
after the age of 65

2019.8—

Chapter 5

2019.11

渋谷の中心で躍動する
力強く斬新なデザイン

渋谷スクランブルスクエア

隈
語録
人と物が混じり合うことが力になる

2019.11

渋谷スクランブルスクエア

屋上からは渋谷を一望 雑踏を忘れる別天地

２０１９年11月１日、渋谷で最も高いビルが誕生した。渋谷駅直結のこの複合施設型高層ビルは「混じり合い、生みだされ、世界へ」がコンセプト。複合都市・渋谷を象徴するタワーだ。

隈さんが担当したのは低層部で、アルミの押出材によって壁面全体がうねるようなオリジナル性を生みだした。幾何学的な力強いデザインが渋谷の中心で躍動している。

屋上の展望施設「SHIBUYA SKY（渋谷スカイ）」からは、西新宿の高層ビル群、東京スカイツリー、隈さんが設計に携った国立競技場など、東京の巨大建築を一望できる。

隈の視点

歩行者、3本の鉄道、高速道路、水路などのさまざまな動き、流れの交差する場所に建つタワーを、それぞれの流れの速度と質にレスポンスするように変形させながら、大地へとやわらかく着地させた。流れに呼応するようにヴォリュームを切除、膨張させ、カーテンウォールのマリオン（窓と窓の間に設けられた垂直方向の部材）のデプス（奥行き）を操作した。若者の街と呼ばれる渋谷のスピードと流れのダイナミズムが感じられる新しい超高層が出現した。

data

［竣工］2019年11月
［竣工時の隈氏の年齢］65歳
［竣工時の使用目的］インフラ｜オフィス｜商業
［所在地］東京都渋谷区渋谷二丁目24番12号
［大きさ］181,000㎡、地上47階・地下7階
［施工会社］渋谷駅街区東棟新築工事JV

地上229メートルの展望施設・渋谷スカイからは、遠く富士山まで望める。

2019.11

全国の木材を使用した世界に誇るコロシアム

国立競技場

隈の名前を浸透させた東京五輪のメイン会場

本来なら2020年に開催する予定だった「東京2020オリンピック」は、コロナの影響により2021年の開催に延期された。のちにメイン会場となった競技場は、2016年に着工され、2019年11月に竣工した。高さは約47メートル、地上5階・地下2階で、約6万人を収容できる。

庇(ひさし)の軒下のルーバーには、日本全国すべての都道府県産の杉が用いられている(ただし、沖縄は杉がないので琉球松)。軒下のルーバーに使われている小径木(原木丸太の末口の径が140ミリ未満の木を指す)は、日本で最も多く流通している105ミリ角の杉材で、これにより傷んだ箇所の交換を容易にしている。

木材を利用したこれほど巨大な建築は世界でもあまり例がない。2021年、隈さんはアメリカの『タイム』誌が選ぶ「世界で最も影響力のある100人」に、MLBの大谷翔平、女子テニスの大坂なおみらとともに選ばれた。

2019.11

国立競技場

隈の視点

大きなスタジアムを小径木の集合体としてデザインした。ファサード(建築物の正面)を複層の庇の重なりとしてデザインし、それぞれの庇の軒下部分を小径木のルーバーで覆うことによって、日本の建築が守り伝えてきた軒下の美を現代にふさわしい表現にしようと試みた。屋根は鉄骨と中断面の集成材を組み合わせたトラス構造（複数の三角形の骨組み部材をつなぎあわせた構造）とし、木材の軸剛性を利用して、風や地震で生じる屋根トラスの変形を抑えた。

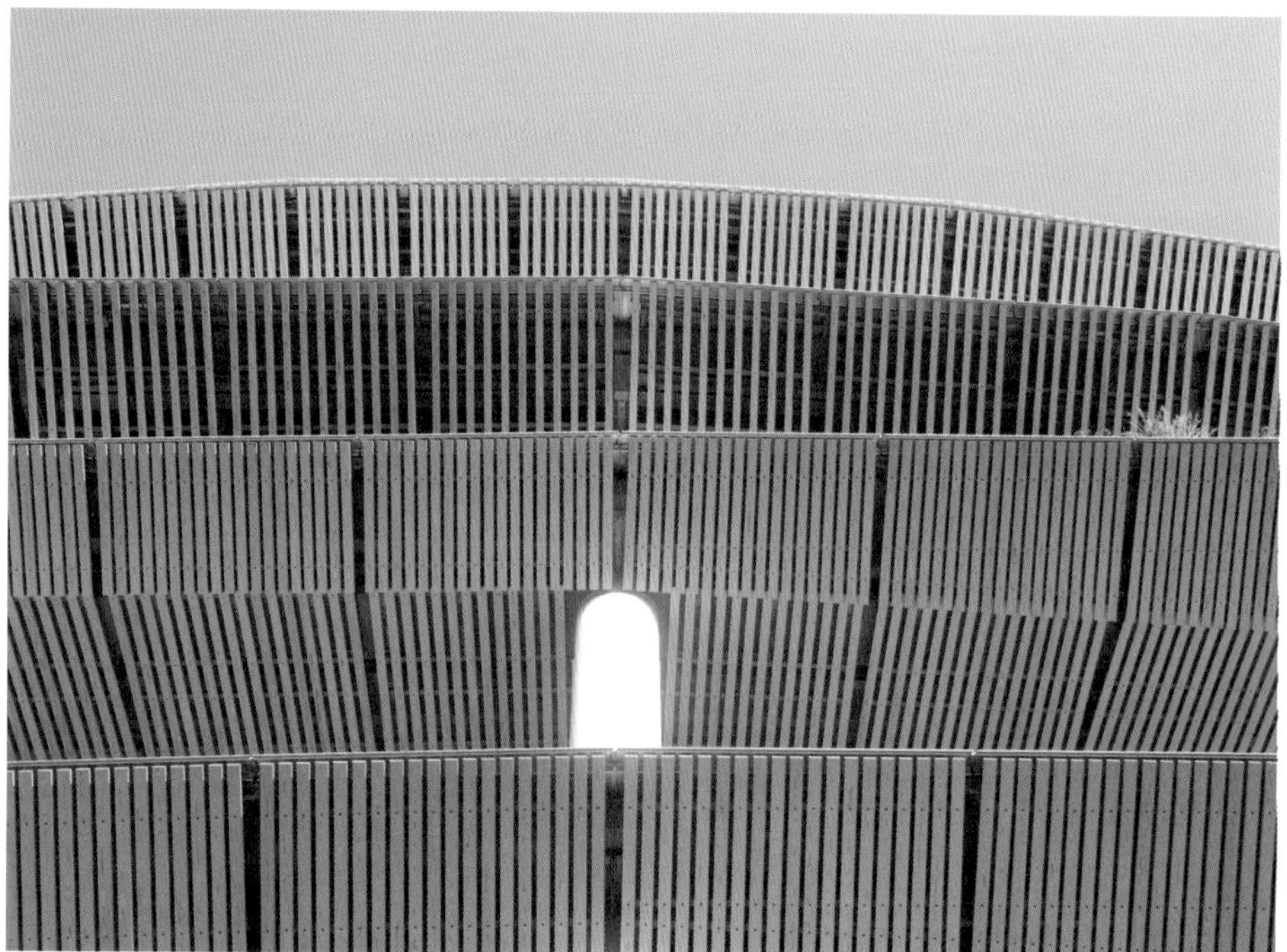

庇の軒下のルーバーに小径木を多用していることがよくわかる。

data

［竣工］2019年11月
［竣工時の隈氏の年齢］65歳
［竣工時の使用目的］スポーツ | 公共施設
［所在地］東京都新宿区霞ヶ丘町10-1
［大きさ］194,000㎡
［施工設計会社］大成建設・梓設計・隈研吾建築都市設計事務所共同企業体
［受賞歴］第63回BCS賞

隈
語録

代々木競技場の天に向かってそびえる垂直性のデザインに対して、国立競技場は水平性と低さで応えました

2019.12

国産「CLT」のための巨大で美しい展示施設

CLT Park Harumi

右がパビリオン棟、左が屋内展示棟。夜になり、ライトが灯ると昼間とは異なる美しさだ。

渦を巻いて舞い上がる木の葉のようなパネル

岡山県真庭市産のヒノキで加工された「CLT」という木材の新素材でつくられた展示・交流施設。東京都の晴海に2019年末から約1年という期間限定で建てられた。おもにパビリオン棟、屋内展示棟で構成され、パビリオン棟は木造（CLT）＋鉄骨造、屋内展示棟は木造（CLT）だった。

パビリオン棟は、CLTのパネル（160センチ350センチ、厚さ21センチ）と鉄骨を編むように組み合わせて、木の葉に模したCLTのパネルが空へ向かっかってスパ

2019.12

イラル状に舞い上がるイメージでつくられた。

晴海での展示後、パビリオン棟と屋内展示棟は真庭市の蒜山（ひるぜん）高原へと移築され、2021年7月にその他の施設を含む「GREENable HIRUZEN」がオープンした。パビリオン棟には新たに「風の葉」という親しみやすい名前が付けられている。

data

［竣工］2019年12月
［竣工時の隈氏の年齢］65歳
［竣工時の使用目的］パビリオン
［所在地］東京都中央区晴海3丁目
［大きさ］601.38㎡、地上1階（パビリオン棟）／985.38㎡、地上2階（屋内展示場）
［施工会社］三菱地所ホーム
［受賞歴］2020年グッドデザイン賞

architecture column

高い耐久性が期待されるCLT

パビリオン棟と屋内展示棟が移築された岡山県真庭市は、ヒノキとCLTの生産が盛んだ。CLTは「Cross Laminated Timber」の略で、繊維方向が直角に交わるようにラミナ（ひき板）を何枚も重ね合わせた「木質直行集成板」のこと。施工が容易で頑丈な上、コンクリートより軽く、耐震性にも優れている。1990年代から世界に広まり、2022年には大林組がオーストラリアにCLTを用いた木造ハイブリッド構造の高さ182メートルの高層ビルを建てている。日本では2016年4月に、CLT関連の建築基準法が告示されて一般的に使えるようになった。

ラミナを積層させてデザインした屋内展示棟内の階段。

隈の視点

東京の晴海の空地に、イベントとパフォーマンスのための、テンポラリーなCLTのパビリオンをデザインした。光を取り入れつつ雨風を防ぐため、CLTのパネルとパネルの隙間を、超高透過なテフカ（高機能フッ素樹脂フィルム）でできた凧のような形状の膜でふさぎ、森の木漏れ日のような光の状態を創造した。

隈
語録

建物はデザインと哲学のショーケース

2020.1

村野藤吾の取り組みを再現した唐破風の意匠

ホテルロイヤルクラシック大阪

初代新歌舞伎座を象る繁華街の中のホテル

南海電鉄の難波駅のそば、御堂筋の西側に建つ結婚式場を併設したホテル。もともとこの場所では初代の新歌舞伎座が、1958年から2009年まで運営されていた。2010年からは上本町に移転して、二代目の新歌舞伎座が開場している。初代の建物は2015年に解体された。

初代新歌舞伎座は、広島の世界平和記念聖堂や東京の日生劇場で知られる建築家・村野藤吾（1891～1984年）の代表作のひとつ。連続する唐破風（からはふ）を特徴とする寄棟（よせむね）屋根の建物で、大阪・難波の繁華街のど真ん中でひときわ目を引いていた。

チャペルや宴会場のある低層階では初代新歌舞伎座の連続する唐破風の意匠が再現され、客室のある上層階はアルミフィンの付いたカーテンウォールに覆われている。

6階のチャペルでは、正面の和紙のようなステンドグラスと天井の木のルーバーが、温かみのあるやわらかな雰囲気を演出している。

data

［竣工］2020年1月
［竣工時の隈氏の年齢］65歳
［竣工時の使用目的］商業｜宿泊・娯楽｜店舗／飲食
［所在地］大阪府大阪市中央区難波4-3-3
［大きさ］26,490㎡、地上20階・地下1階
［施工会社］鹿島建設

隈の視点

客室棟を覆うカーテンウォールには、アルミフィンをランダムに重ね合わせることで、雲や霧のような自然現象を想起させるユラギを与えた。村野藤吾が試行を続けた、小さな粒子の集積による、やわらかで、女性的なものへの挑戦（連続唐破風はその典型）を、薄いアルミフィンという粒子を用いて継承しようと試みている。

隈
語録

建築家で大事なのは建築物が最後までできること

2020.2

真っ白な折り紙屋根が特徴の
ガラス張りの駅舎

高輪ゲートウェイ駅

data

［竣工］2020年2月
［竣工時の隈氏の年齢］65歳
［竣工時の使用目的］インフラ
［所在地］東京都港区港南2丁目
［大きさ］3,969㎡、地上3階・地下1階
［施工会社］大林組
［デザインアーキテクト］隈研吾（隈研吾建築都市設計事務所）
［設計］JR東日本建築設計
［受賞歴］みなとモデル二酸化炭素固定認証制度表彰第1回最優秀賞、
令和3年度木材利用優良施設コンクール木材利用推進中央協議会会長賞、
照明普及賞東京支部審査委員特別賞、最優秀協会賞、
2020年グッドデザイン賞

隈
語録

すべての部分をヒューマンスケールで考えることが大切

日本と世界をつなげる開放感に溢れた新駅

JR山手線の駅としては、1971年開業の西日暮里駅以来、約50年ぶりに新設された。「過去と未来、日本と世界をつなぐ」というコンセプトのもと、「東京2020オリンピック」に合わせて開業した。JR京浜東北線も乗り入れている。

駅舎は1階のホームから大屋根まで約30メートルもの高さの吹き抜けで、東西の側面はガラス張りとなっている。開放感があるだけでなく、駅の中から駅の外を見通すことができ、明るい陽の光をたっぷりと取り入れられる空間となっている。

特徴的なのが膜と木のフレームでできた約4000

隈の視点

街と駅とをシームレスにつなげることを目的として、駅の上に、膜構造の大屋根を架け、膜は鉄骨と杉の集成材でつくられた折り紙形状のフレームで支えられている。駅構内は、従来の駅と異なり、天井も高く明るく開放的な空間が出現した。壁面には、木の板に凹凸を付けて貼る「大和張り」と呼ばれる伝統的技法が用いられ、それによって従来の駅舎にはないようなヒューマンスケールで温かい空間が出現した。

平方メートルの白い屋根だ。トラス構造によるこの屋根は、折り紙のようにいくつものランダムな折り目が付けられた形状をしている。屋根に用いられた白い膜は、ガラス繊維にフッ素樹脂をコーティングした素材で、透光性、耐久性に優れている。

左上／屋根を支える梁と屋根の白い膜の組み合わせは「障子」をイメージさせる。右上／屋根を通して天井からも光が入り込む。下／夜になると屋根の白い膜を通して行灯のようなやわらかい光を放つ。

2020.3

Snow Peak LAND STATION HAKUBA

（スノーピークランドステーション白馬）

印象的な木組みを通して白馬三山をうかがう

建物越しに見える白馬三山は、冬になると真っ白に雪化粧される。

思わず息を呑むような北アルプスの山並み

アウトドアブランドのスノーピークとロープウェイなどを運営する白馬観光開発株式会社が、長野県の白馬村の観光拠点として建てた体験型複合施設。スノーピークの直営店をはじめ、カフェやレストランなどが入っている。JR大糸線の白馬駅や国道148号線から近く、交通の便もよい。名称の「LAND STATION」は、自然の中で人が集うことを願って付けられた。

建物前の広場に立つと、北アルプスの雄大な山並みが眼前に迫り、思わず息を呑む。その北アルプスに向かって大きく口を開いているかのような大屋根は、「人が自然に帰っていく時代を表し、白馬三山のシルエットを意識した」とのこと。また、大きなガラス窓も開放感があって心地よい。

data

［竣工］2020年3月
［竣工時の隈氏の年齢］65歳
［竣工時の使用目的］商業
［所在地］長野県北安曇郡白馬村大字北城5497
［大きさ］945㎡、地上1階
［施工会社］清水建設
［受賞歴］2021年グッドデザイン賞、2020年度日本サインデザイン賞銀賞、日本空間デザイン賞2020選奨

隈の視点

長野県白馬村の地域おこしを目指し、ショップ、レストラン、カフェと屋外アクティビティを一体化した「野遊び」の拠点をつくった。大屋根は木の枝や雪の結晶をイメージし、ヒノキの小径木を用いた木組みをデザインしている。タープに用いられるファブリックを使って空間を分節し、壁には皮付きの木ルーバーを並べ、室内にいながら「野遊び」を味わえる空間をつくった。

隈
語録

木の温もりはなぜか人を集める

2020.4

ところざわサクラタウン 角川武蔵野ミュージアム

武蔵野台地に出現した巨大な花崗岩の建造物

見る角度や時間帯で形状の印象が違う施設

「ところざわサクラタウン」は、KADOKAWAが埼玉県所沢市で運営する複合施設である。そのランドマークとなる「角川武蔵野ミュージアム」は、図書館、博物館、美術館を融合した施設だ。

所沢市は武蔵野台地に位置する。武蔵野台地は、関東平野の南部、荒川と多摩川に挟まれた地域に広がり、概ね4つの層に分かれた関東ロームで形成されている。ところざわサクラタウンのプロジェクトに際し、隈さんは「地形そのものを建築化する」と語ったが、まさに武蔵野の台地の隆起により出現したかのような高さ36メートルの巨大な岩の建物だ。

外壁には、黒と白が斑に入り混じる、厚さ70ミリ、重さ約60キロの花崗岩（かこうがん）を2万枚も用いており、BIM（ビルディング・インフォメーション・モデリング）というデジタル技術を駆使して、設計と施工を統合したという。見る角度や光の当たる時間帯によって形状の印象が異なるのも、見どころのひとつだろう。

data

［竣工］2020年4月
［竣工時の隈氏の年齢］65歳
［竣工時の使用目的］文化施設
［所在地］埼玉県所沢市東所沢和田3-31-3
［大きさ］約12,000㎡、地上5階
［施工会社］鹿島建設

隈の視点

花崗岩は表面を割れ肌仕上げとし、隣り合う石のジョイントには通常行われるような凹凸を揃える加工はせず、ギャップは放置して大地の力強さと1枚の石がそれぞれ浮遊するような軽快さを達成した。巨石の内部は現代アートのようなハイ・カルチャーとアニメのようなロー・カルチャー、モノとコトが撹拌され、従来の二項対立を超越した未来的迷宮としてデザインした。構造用合板による霞棚のような本棚が、脳の構造のように縦横無尽に展開し、さまざまなジャンルの書籍やオブジェを立体的につなぐ。

隈
語録

コンピューター技術と職人の技の融合が、日本の可能性

「人間の脳」をイメージしたという4階の「本棚劇場」は、約2万冊の本を配架する高さ8メートルの本棚に囲まれた空間。

竹内理三

2020.11

誓いの丘公園

富士山を望む公園に
かわいく並ぶ
4つの富士山

東屋とトイレの屋根は
富士山の稜線美を踏襲

誓いの丘公園は、静岡県の小山町の市街地と足柄峠とを結ぶ金太郎富士見ラインの中腹にあり、富士山を望める絶景スポットだ。ここにある「誓いの鐘」を鳴らすと、幸せになるといわれている。

この公園のリニューアルに

data

［竣工］2020年11月
［竣工時の隈氏の年齢］66歳
［竣工時の使用目的］モニュメント
［所在地］静岡県駿東郡小山町竹之下3660-59
［大きさ］74㎡
［施工会社］大幸建設

伴い、隈さんは東屋とトイレを手掛けた。ふたつの東屋のそれぞれの屋根の形状は富士山の稜線に対応しており、トイレの屋根も富士山の稜線がふたつ連なった形状をしている。公園内に富士山が４つ並んでいるようである。

ふたつの東屋はかわいらしいキノコのようにも見え、そのキノコの間から夕陽に照らされる富士山を覗くと、幸せな気持ちになるだろう。

隈の視点

富士山の放物状の稜線からヒントを得た傘状の梁と木柱とが、リング状の鉄板によって緊結され、ふたつの屋根が一体となることで、ラーメン構造（柱と梁で建物を支える構造。「ラーメン：Rahmen」はドイツ語で、枠、骨組みなどの意）としての安定性を獲得している。木の柔軟性と鉄の強度と膜の軽やかさとを組み合わせることで、温かみがあり、開放的な東屋が実現した。木の構造体は、フッ素コーティングされた膜材でカバーされ、夜には木の構造体のシルエットが、森の中に浮かび上がる。

隈語録

小さな建築から大きな建築へという建築家の「スゴロク」に乗りたくない

2021.3

村上春樹の作品をイメージした
時空トンネル

早稲田大学国際文学館
（村上春樹ライブラリー）

深遠なる文学の時空へ
曲線的な木のトンネル

早稲田大学4号館をリノベーションして、2021年10月に開館した文学資料館。同大学のOBである小説家の村上春樹が、自身の初版本や直筆原稿など、貴重な資料を寄託・寄贈したことにより、「村上春樹ライブラリー」という愛称が付けられた。

エントランスでは、ふわっとやわらかい曲線を描く木のトンネルが迎えてくれる。隈さんは村上作品に対して、なんでもない穴に入ると違う時空が開いているようなイメージを抱いていることから、このような入口となった。ライトアップされると、その幻想的な佇まいによって、深遠なる文学の時空へと誘われることだろう。

館内にも、光の中へと誘う時空トンネルが続いている。

data

［竣工］2021 年 3 月
［竣工時の隈氏の年齢］66 歳
［竣工時の使用目的］教育 | 文化施設
［所在地］東京都新宿区西早稲田 1 丁目 6
［大きさ］2,147㎡、地上 5 階・地下 1 階
［施工会社］熊谷組

隈の視点

まず 4 号館の外壁をニュートラルに白く塗装して消去し、そこに木のスクリーン状の 3 次曲面の庇を付加することで、時空の裂け目である「トンネル」の入口を暗示した。4 号館のスラブを抜いて挿入された「木のトンネル」は、本棚であると同時に劇場であり、レクチャーホールである。コンクリートに支配された 20 世紀という「硬く」「冷たい」時代の中に、繊細でやわらかな木という物質を使って、僕らを守り、夢を育てるトンネルを創造した。

隈語録

孔を開けて閉じた建築に命を吹き込む

2022.8

鳥取砂丘会館 タカハマカフェ

平行四辺形の建物は
鳥取砂丘の「馬の背」から着想

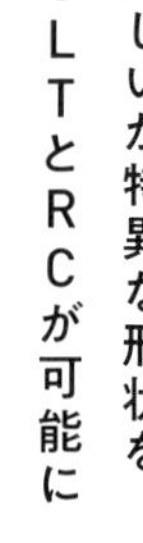
美しいが特異な形状を
CLTとRCが可能に

ドライブインレストラン「鳥取砂丘会館」の敷地内に建てられた展望台兼カフェ。

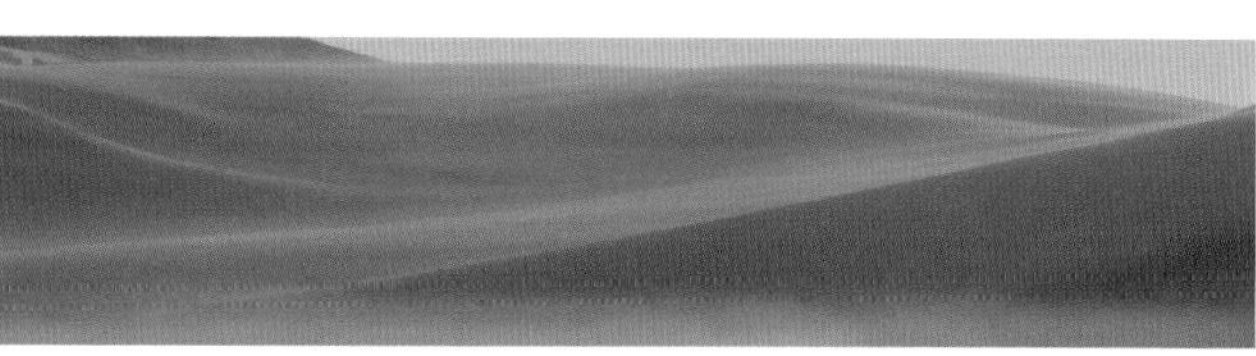

「馬の背」は、鳥取砂丘の中心部にある3列の砂丘列のうちのひとつで、第二砂丘列と呼ばれる。その高さは15階建てのビルに相当する。

隈の視点

温かな質感を持ち、砂丘の砂の色合いとも調和するCLTをふんだんに用いて、「空へ上る階段」の創造を試みた。鳥取は日本の民藝運動の聖地のひとつであり、今回製作した、和紙に砂丘の砂をまぶしたペンダントライトや、CLTの椅子のデザインは、民藝へのオマージュである。

高さ9メートルで絶景を望めるテラスは、風通しもよくくつろげる空間である。

横から見ると平行四辺形の建物は、日本海に向かう階段のようだ。

美しくも可愛らしいこの特異な形状は、鳥取砂丘の「馬の背」をイメージしている。馬の背は、標高が約47メートルもあり、東西約16キロにも及ぶ砂丘列で、鳥取砂丘で一番の観光スポットだ。CLT（直交集成板）とRC（鉄筋コンクリート）によるハイブリッド構造が、この形状を成り立たせている。

日本海に向かって傾いた太陽は、砂丘の造形を浮き上がらせるとともに、この建物の色も染めていく。

data

［竣工］2022年8月
［竣工時の隈氏の年齢］67歳
［竣工時の使用目的］店舗／飲食
［所在地］鳥取市福部町湯山2164
［大きさ］199㎡、地上2階
［施工会社］大成建設

隈
語録

今度生まれ変わったら同じ仕事をしたい

2022.8

英国アンティーク博物館BAM鎌倉

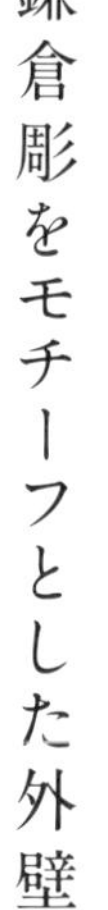

参道に面する鎌倉彫をモチーフとした外壁

4階の茶室では、掛け軸に見立てた窓から鶴岡八幡宮の三の鳥居を眺めることができる。

鎌倉時代から受け継ぐ伝統工芸品を参考に

鶴岡八幡宮の参道である若宮大路沿いに建つ私設博物館。館長である土橋正臣氏が収集した貴重な英国アンティークの数々を収蔵・展示している。

若宮大路に面する建物の外壁は、ヒノキのルーバーで覆われている。ルーバーには、ノミで手彫りしたかのような跡が付けられており、その跡は上に向かうに従って細かくなっていく。この削り跡は「鎌倉彫」をモチーフとしている。鎌倉彫は鎌倉時代から800年も受け継がれている伝統工芸品で、木製の器や家具などに文様を彫刻し、漆を塗って仕上げる。博物館の隣が鎌倉彫のお店だったため、隈さんは彫り方の参考としていくつかの作品を購入したという。

ルーバーに施されている幾何学的で微妙な削り跡の変化は、3DソフトとCNCカッターを用いた試行錯誤で編みだされ、彫り終わるまで6時間もかかっている。

data

［竣工］2022年8月
［竣工時の隈氏の年齢］68歳
［竣工時の使用目的］文化施設
［所在地］神奈川県鎌倉市雪ノ下1-11-4-1
［大きさ］256㎡、地上4階
［施工会社］キクシマ

BAM
BAM

隈の視点

刀を思わせる鋭い刃を用いて巧みに木を削る鎌倉彫の美しいノミ跡を媒介として、鎌倉と英国というふたつの場所をつなごうと試みた。CNCカッターを用いて、ヒノキの製材を削り出すことで、ノミ跡のつくる美しくシンプルな曲面を再現し、隙間を空けて小間返しにその製材を並べることで、木の温かい質感と透明感とが両立するファサードが実現した。ノミ跡のジオメトリ（建物の位置や形状のこと）のスケールを頂部にいくにしたがってグラジュアリー（段階的）に小さくしていくことによってうまれるパースペクティブ効果（遠近感）によって、頂部が空へと融けていく印象が生まれた。

館内には、シャーロック・ホームズの部屋が小説に基づいて再現されている。

英国アンティーク博物館
「BAM 鎌倉」

英国文化に強い思い入れと情熱を注ぐ館長が長年に渡ってコレクションした本物のアンティークを展示している博物館。

所在地：神奈川県鎌倉市
雪ノ下 1-11-4-1
ホームページ：
https://www.bam-kamakura.com/

architecture column

依頼の経緯について

BAM 鎌倉
土橋正臣館長のコメント

隈先生の著書『小さな建築』（岩波書店刊）に感動して設計を依頼することを決意し、手紙を出しました。しばらくして、スコットランドで隈先生が設計した「V&A ダンディー美術館」を見学していると、隈先生の事務所のスタッフさんから「決まりました」との電話がありました。「こんなすごいタイミングがあるんだ」と驚き、涙が溢れたことを覚えています。

完成までに隈先生とお会いしたのは 10 回ほどです。BAM 鎌倉は、隈先生以外に設計の方やデザイナーさんなど、5 人ほどに担当していただきました。スタッフさんだけなら 20 ～ 30 回はお会いしてプロジェクトミーティングを行っています。設計にあたり、まず建物の小さな模型をつくったのですが、先生は「ここは何ミリ」と必ずチェックされていました。

このような依頼を引き受けてもらえたのは、BAM 鎌倉のコンセプトにあると思っています。予算がそれほどないことは当初から伝えていました。先生は設計費の高い・安いで引き受けるのではなく、コンセプトの面白さや明確さによって決めておられるのではないでしょうか。

隈語録

イギリスのアンティークと、鎌倉の歴史とが、木を媒介にしたら響き合った

2023.1

代々木競技場をリスペクトする国産ヒノキの美しい組積造

AEAJグリーンテラス

デザイン性を高めつつ環境にも配慮した建築

日本アロマ環境協会（AEAJ）が2023年2月1日に東京・原宿でオープンしたアロマ体験施設。アロマの魅力を五感で体験できる場所として、世界中から集めた約300種類もの精油の香りを試せたり、オリジナルのボタニカルティーを楽しめたりできる。

なお、隈さんが建築家を志すきっかけとなった丹下健三設計の国立代々木競技場第一・第二体育館は、JRの線路を挟んで徒歩約10分程度の距離に位置しており、この建物から眺めることができる。

建物内は国産ヒノキの組積（そせき）構造が特徴で、鉄骨などをできるだけ排する建築を実現した。他にも国産のクリやカラマツなどを用いており、森林環境の多様性にも配慮している。室内の照明が点灯すると、木組みが浮き立ち、新たな造形に化ける。

ガラスに囲まれたこの美しい木組みの施設は、隈さんの建築家としての原点ともいえる代々木競技場をリスペクトしており、筆者が大好きな建物でもあるので、どうして撮りたかった被写体である。

data

［竣工］2023年1月
［竣工時の隈氏の年齢］68歳
［竣工時の使用目的］オフィス
［所在地］東京都渋谷区神宮前六丁目34番24号
［大きさ］600㎡、地上3階
［施工会社］松下産業

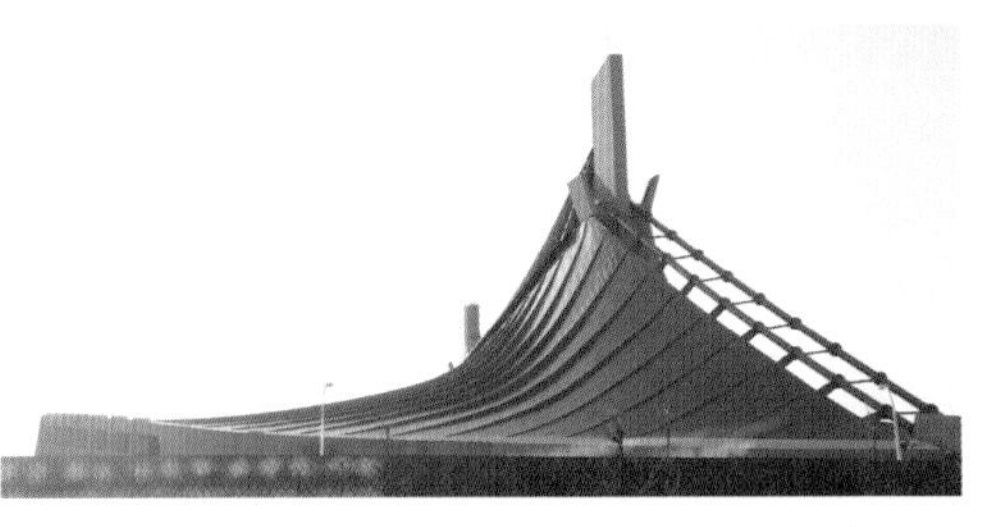

国立代々木競技場は、1964年開催の東京オリンピックのために建てられた。世界でも類を見ない吊り屋根構造はあまりにも有名だ。

1階から3階までの各フロアの組積構造は積み上がるにつれて、左右のバランスが不均衡になっている。建物の外から眺めると、その不均衡さがよりわかりやすい。

屋内からだと、向かって左側の組積が、代々木競技場の方角を指し示すように横に伸びている。

隈の視点

木を積み上げたトンネル状の空間の中で身体と香りとが響き合うような空間とした。そしてここからは、丹下健三設計の代々木競技場が見える。この眺望を主役とする透明なガラスボックスをデザインし、その中に木の組積造を封じ込めた。

隈語録

少しお姿を拝見するくらいのほうが、神様のままでいてもらえる

隈建築における建物の構造

江尻憲泰（えじり・のりひろ）

1962（昭和37）年東京都生まれ。千葉大学大学院工学研究科修士課程修了。青木繁研究室を経て、1996（平成8）年に江尻建築構造設計事務所を設立。現在、日本女子大学家政学部住居学科教授。手掛けたプロジェクトは「アオーレ長岡」「富岡市役所」「清水寺修復工事」など多数。

隈建築の実現には、建物の〝構造〟が重要となる。その構造について日本女子大学教授・江尻憲泰先生にお話をお伺いした。

建築における設計というと、建物のデザインを思い浮かべる人が大半だろう。しかし、それだけではない。建築設計は「意匠設計」「構造設計」「設備設計」の3つに分業される。隈さんが手掛けるのは「意匠設計」で、建物の外観や内観をデザインし、全体を監理する役割である。「構造設計」はデザインに基づいて基礎や骨組みなどに作用する力を計算し、建築基準に即した構造形式を提案する役割、「設備設計」は空調や照明、給排水といったインフラの配置を設計する役割を担っている。

江尻先生は構造設計が専門で、本書で取り上げたアオーレ長岡、コエダハウス、湯の駅おおゆをはじめ、隈さんが意匠設計した建築の構造設計を数多く手掛けている。

隈さんの作品からは構造の新しい技術や考え方が生まれる

――江尻先生は構造設計を専門とされていますが、どのようなことを行うのですか？

江尻憲泰教授（以下、江尻）　ひと口に構造設計といってもその範囲は多岐に渡ります。私がおもに携わっているのは、古い建物の調査や補強設計です。例えば、清水寺本堂舞台や富岡製糸場西置繭所、東寺の五重塔などの調査を行っています。他にも新しい建築素材の開発や、遠隔で建物の部材の劣化の診断ができるようなシステムの開発も行っています。

――構造設計にはスタンダードな計算方法があるものなのですか？

江尻　そういうものはありません。構造の計算方法は無数に存在します。建物のデザインが無数にあるのと同様です。ただし、物が上から下に落ちるなどといった物理の法則は、どの建物でも同じです。この物理法則をベースに、どのようにして構造を組み立てていくのかという考え方が構造設計者ごとに異なるのです。同じ建物でも、構造設計者が１００人いたら１００通りの設計方法、構造デザインが提示されるでしょう。私自身は、素材がどのようにつくられて、それをどのように使えばいいのかを考えながら計算し、設計することが多いです。

――誰でもわかるような構造の考え

図１　建築構造計算の基本図

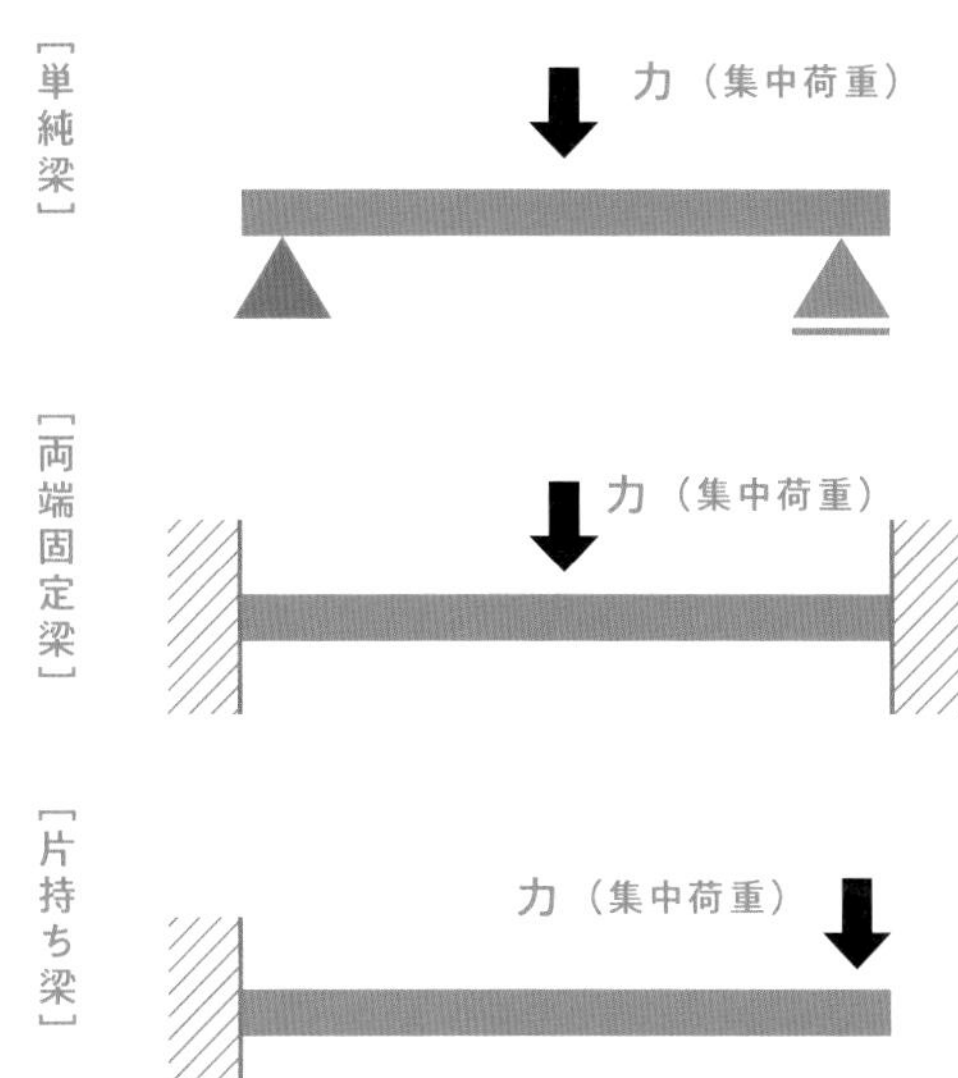

この図の考え方を基本として、「梁の曲げ応力計算」というものを行う。応力とは、物体が外からの力を受けたときに、それに応じて物体の内部に発生する力のこと。これにより部材を曲げようとする力やたわみなどを計算できるため、構造の強度の評価も可能となる。「単純梁」とは、支点の上に載せただけの梁。「両端固定梁」は両端が固定端となる梁で、固定されている分、単純梁に比べて部材を曲げようとする力やたわみが小さくなる。「片持ち梁」は、一端が固定端で他端が自由となっており、１点でしか支えられていない梁。

方の基本みたいなものもないのでしょうか？

江尻　せっかくなので、構造の計算をする上でなくてはならない、基本中の基本の原理をお教えします。この図を見てください（図1参照）。建築に取り組む人なら誰でも教わる考え方です。外部からの力がどのように加わるのか、どのように支えているのかを示しています。街や山に生えている木、スカイツリーや飛行機といった巨大な人工物も、この原理を応用すれば構造の計算が可能です（図2参照）。梁の力を把握する公式で、建築士の試験でも出てきますが、単純梁、両端固定梁、片持ち梁と3つの基本的な式があり、これらを組み合わせると、バリエーションに富んだ構造架構を創造することができるのです。

――隈さんからの依頼で「このデザインは構造的に無理だろう」と思うことはありましたか？

江尻　構造設計の役割の基本は、建物や人の安全性を確保することです。構造設計する際はこれを前提にして、「無理だ」ではなく、「どうすれば構造が成り立つのか」から考えていきます。最初から無理と決めつけてしまうと、（構造としては単純な）真四角の箱の建物しかつくれなくなります。これでは世の中は発展しないでしょう。隈さんの意匠設計は、そ

図2　巨大な人工物に見られる梁応力の例

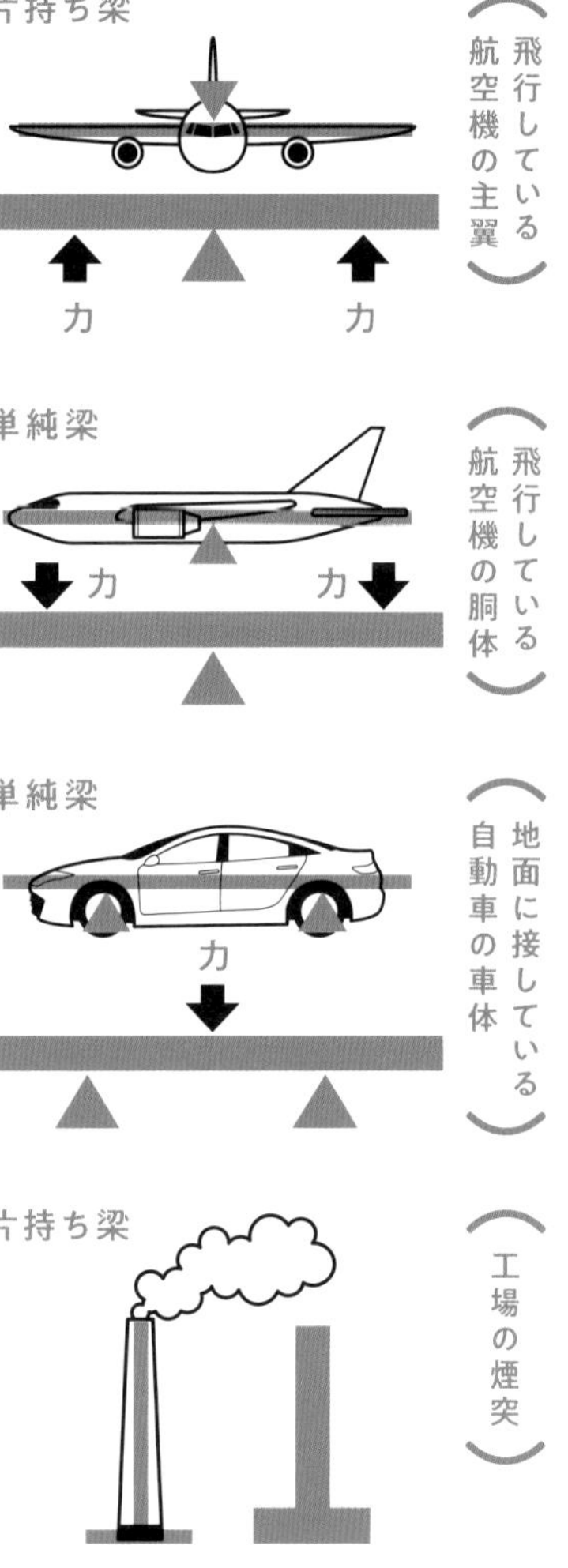

飛行している航空機の主翼は揚力を受けた片持ち梁で、胴体は胴体を重心として支えられた梁といえる。自動車の車体は、前後のタイヤを重心とする単純梁である。工場の煙突は、地面を支点として煙突が90°回転した片持ち梁といえる。

の土地での将来のありようを見越した上で、建物のフォルムやそのプロジェクトに関係する材料から生みだされます。構造設計では、それを実際の建物としてなんとか成立させなければいけません。そのため、隈さんの作品のラフ図やデザインによって、構造の新しい技術や考え方が生まれることが相当あります。これは隈さんの意匠設計の非常に優れた点です。隈さんとの仕事の付き合いは30年以上になります。初期の作品からかかわってきましたから、その点を誰よりも理解しているつもりです。

隈さんの作品で構造の計算が難しかったのはアオーレ長岡

――ここからは江尻先生が構造設計されたいくつかの隈さんの作品についてお伺いします。まず「アオーレ長岡」について。

江尻　アオーレのポイントは屋根のある半外部の空間「ナカドマ」です。ナカドマは、隈さんが「木漏れ日のような空間で、下に影を落とす変化に富んだものにしたい」ということで、天井がガラス張りになっています。３棟の独立した建物を屋根で覆っているので、それをがっちりつないでしまうと、とても大きな部材が必要になります。それをなくすためにはどうしたらよいのかを考えました。また、市役所でもあるアオーレは、災害時には防災の拠点となります。免震装置は通常であれば建物の下層に設置されますが、鉄骨大屋根で接続した連結制振のシステムを新しく考えて、高い耐震性を確保しました。アオーレの構造データをコンピュータにすべて入力し、制振装置の地震時シミュレーションを行い、それを踏まえて構造の設計を行っています。これまで携わった隈さんの作品で、構造の計算が最も難しかったもののひとつといえます。

――「飯山市文化交流館なちゅら」について。

江尻　長野県の飯山は非常に積雪が多い土地です。ときには3メートルぐらいにもなります。積雪に耐えられるだけの構造強度を保つことに重点を置いているため、上に載せた部材がどうしても大きくなりました。ですから鉄骨で支えて、その上に木を貼り付けています。他の特徴としては、外観に耐候性鋼（たいこうせいこう）を使っています。鋼板（こうはん）なのですが、わざと表面に塗装仕上げをせず、錆びさせるままにして、その趣を見せています。ただ、雪がこの部材に付着すると建物への積雪の危険性が増すので、工事を進めつつ何カ月も外にさらして実験していました。これは、外観を見せる役割だけではなく、構造性能にもかかわっています。だからこのような付着実験も行ったのです。

――「コエダハウス」について。

江尻　建物中央にヒノキの角材を積層して、屋根を持ち上げているのが特徴です。木が積層されたラーメン構造になります。富山には「カフェ・クレオン」（２０１１年）という、私も参加した隈さんの作品がありますす。こちらも角材を積層することで建物を形成しています。ただし、こちらは木を組むのではなく、積み上げているだけです。コエダハウスではこれを進化させて、積層構造をカーボンファイバーロッド（炭素繊維の棒）で補強しています。さらに、このカーボンファイバーロッドより重要な役割を果たしているのが拡張樹脂アンカーです。角材の中に鉄筋を通して樹脂で接着して固定しています。これは、同様の積層構造である「ＡＥＡＪグリーンテラス」にも採用しています。

――「湯の駅おおゆ」について。

江尻　室内にはＬＶＬ（単板積層材）という木の素材による複数の円筒管で構成された構造壁が設置されています。木造在来軸組工法のフレームにＬＶＬ用円筒管を付加的に配した架構です。ＬＶＬは、大根の桂剥きのように木をスライスし、その単板を接着剤で貼り合わせてつくられています。湯の駅おおゆのＬＶＬはさらに強度を増すため、単板を接着したあと、家庭用のミシンと普通の糸で端から縫いました。それを金属の円柱に巻きつけながら行い、最終的に接着剤が固まって円柱からスポンと外したら、円筒管となります。

――「スノーピークランドステーション白馬」について。

江尻　ファサードは木組み構造でデザインされています。建物本体はがっしりした鉄骨造で、木組みの構造体はあとから取り付けました。「サニーヒルズジャパン」などに見られる地獄組みとは異なる組み方で、角材を３本クロスさせることによって剛性を高めています。建物の一方の側だけにこの木組みの構造を取り入れていますが、構造の計算を行って建物全体のバランスもクリアにしています。

――最後に隈さんの作品についてひと言お願いします。

江尻　建築はいろんな専門分野の方々が集まることで成り立ちます。構造設計、意匠設計、設備設計、そしてサイン計画、ときにはランドスケープデザインの方が加わることもあります。もちろん施工の担い手もいます。厳密にいうと、この施工の分野も細かく分かれていますが、説明は不要だと思います。こういった人たちがコミュニケーションをとり、計画を詰めていかないと、よいものができません。とくに隈さんの作品となれば、それがより一層求められるのだと思います。

隈研吾 異端の建築

隈研吾　異端の建築

2024年5月10日発行

著者　高橋福生［写真・文］
発行人　塩見正孝
装丁・本文デザイン　近藤みどり
印刷・製本　株式会社光邦

発行　株式会社三才ブックス
〒101-0041
東京都千代田区神田須田町 2-6-5 OS' 85 ビル
TEL：03-3255-7995（代表）
FAX：03-5298-3520
http://www.sansaibooks.co.jp/
本書の問い合わせ先：info@sansaibooks.co.jp

Thanks　隈研吾、隈研吾建築都市設計事務所（https://kkaa.co.jp/）、江尻憲泰、
谷川一雄（木組み博物館）、
土橋正臣（英国アンティーク博物館「BAM 鎌倉」）